魚小姐
李純瑀
著

歡樂宋

中國歷史上
最幸福的朝代

沒去過宋朝，別說你到過人間天堂！

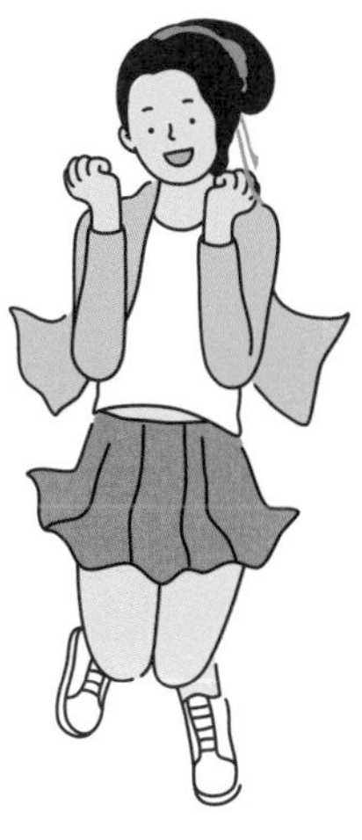

一幅精心描繪的大宋寫真

歷史 YouTuber Cheap

有機會為李純瑀老師的新作《歡樂宋》寫推薦序，實在感到榮幸之至。李老師在書中為我們描繪了一幅在宋朝生活的速寫，在李老師的文筆之中，彷彿走進宋代老百姓的實際生活。在李老師的筆下，我們能了解現今習俗的由來：譬如當今的圍爐、守歲等過節習慣，其實早在宋朝就已奠定。又比如拜年、在春節賭博，在北宋當時也有他們特有的方式：像是互投名片拜年、春節走春聚賭，都已經是司空見慣的。遙想千年前的古人過著與如今相似的生活，不禁令人嘖嘖驚奇。

而且，更加意外的是，宋朝人其實也是過情人節的，與我們的西洋情人節在二月十四日類似，宋朝人早在農曆的一月十五就開始過情人節。為了加速脫單，當時人還整理出專門的把妹聖典（《調光經》、《愛女論》）教導年輕魯蛇們如何接近正妹、討好正妹。不僅風花雪月，其實宋朝人在寒食節也十分講究地享受日子。一般我們會以為清明節就是要「寒食」，似乎只能淒涼地度日、吃冷冷的東西，但是宋朝人非常懂得享受，會早早地在節日之前準備各式各樣的美食，這些李老師在書中都有詳細地介紹。走進書中，就好像穿越到宋朝一樣，看著那些我們熟悉的生活，如何在宋朝有不一樣的樣貌，讓人不禁散發思古之幽情。

除了過節之外，本書也帶我們深入淺出地了解宋朝人生活的其他面向：譬如宋朝也有圖書館、圖書館的規模又如何？而且宋朝的社會福利制度更是首屈一指，甚至還有健保！其他生活大小事，比如宋朝的足球、foodpanda、八卦雜誌、明星緋聞，更是讓人覺得，其實宋朝跟現代好像也沒太大差別，最多就是當時科技比較不發達、沒有網路而已。

譬如現代人普遍關注的婚姻問題，其實早在宋朝就已經備受重視，書中不僅顯示北宋時已經立法保障已婚婦女的私人財產（婆家不能霸占嫁妝）、婚後生活，還透露蘇轍讓女兒攜帶鉅額的嫁妝（換算新臺幣高達兩百萬）。其中看日子、新郎闖關、新娘秘書等各色細節，跟現在的婚宴準備也無二致。最讓人口水直流的是書中有關宋朝各式各樣美食的描述，而且對於各色酒席、酒品的介紹，也讓人不禁頓悟：中華民族果然是嗜酒的民族。

不僅是宋朝的庶民生活，書中對於宋朝特別有名的兩位皇帝（徽宗、仁宗）的個性與能力也有頗為精妙的描寫。像宋徽宗是個被政治耽誤的藝術家、宋仁宗則是皇帝之中的文青兼暖男。而且唐宋八大家裡面，宋朝的六位都出現在仁宗朝，像是這種有關宋代歷史的細節、小故事，讀來都讓人頗感趣味。

想要了解宋朝庶民的生活，非常推薦這本《歡樂宋》。

推薦序

穿越宋朝玩一波

作家 厭世國文老師

「要讀現在有用的東西，為什麼還要學習過去的文化？」

身為一位高中國文老師，很常聽見學生在課堂上提出這樣的質疑，認為久遠的歷史不足以解決眼前發生的問題，缺乏真正實用的價值，只不過是可以當成一種可有可無的審美趣味。

質疑課本、知識以及學習存在的意義，是學生展開啟蒙與思辨的一個必經的過程，而在這樣的過程之中，老師應該如何進行脈絡的釐清？並且尋回傳統文化的價值？

「白菜可以用來吃，但你不會拿它取代故宮裡的翠玉白菜。」

通常我會這樣嘗試回答學生。一件事物是否產生意義，取決於我們從何種角度進行詮釋。生活上，白菜的價值是被人們作為營養的來源，但真正能作為文化傳承的是精雕細琢後的藝術品，更是連結過去與現在的一個時間標誌。

從時間標誌，不僅可以從此認識古老的儀式、制度、節慶、生活習慣，以及人文藝術，並且憑藉著當代文明社會的價值觀作為回溯歷史的起點，再一次拓展生命的視野。

也就是說，任何關於歷史的敘述與詮釋都是在修復壞損破舊的玩具，試圖讓「人」有重新把玩的機會，或是理解玩具本身的價值就是必須有人的記憶與情感，才會從中發現獨特或共同的樂趣，無論是過去、現在，抑或是未來。

《歡樂宋》正是展現一位工匠精湛的技藝，賦予乏人問津或鮮為人知的傳統文化親切的面貌，用日常生活中平易近人的語言，雕塑出宋朝細緻的輪廓，展示在眾人的眼前。然而，在這裡不僅是還原歷史，更準確地說是為至今仍保留的傳統文化做一個註腳：

萬事必有緣由。

例如，書中提到宋朝有五個長達七天的假期，除了「天慶節」之外，現代仍然延續的有春節、上元、清明以及冬至，甚至連過節的方法亦是模仿宋朝的生活習慣，當我們在團聚、遊玩、祭祀或是飲食的時候，如果可以明白節慶的來龍去脈，會更清楚自己從事活動的意義，而當人參與其中的時候，傳統文化才會成為存在於當下的真實縮影，而不是一縷虛無縹緲的幽靈。

問題在於，無論傳統文化是縮影或幽靈，我們時常處於某種自我定位的認同掙扎，回頭望向歷史的某時間點，到底是更清楚的認識，還是更離譜的誤讀？

不管我們是要建構一個巨大的文化世界，還是一個精緻的文化國度，總還是必須透過閱讀、理解，以及詮釋，再經由反覆的討論與爭辯，讓這一片土地更加厚實穩固，才能逐漸完成屬於自己的世界與國度。

沒有歷史的記憶與情感的溫度，翠玉白菜只不過是一顆漂亮的石頭。

自序

走進大宋風華

我有個粉專叫「魚小姐日記」但其實名字裡沒有魚，只因為太多人發不出我的本名中「瑀」這個音，於是我就變成小魚和魚小姐了！我不吃魚，但記憶真的跟魚一樣只有七秒，除了愛漂亮愛玩愛旅行，最常發生的事就是在古代迷路，迷路了就乾脆閒逛起來，逛久了以後我發現每一個朝代都有著極為有趣和新奇的一面，極具誘惑！

若說為什麼我先寫了宋朝？有個滿重要的原因是我在很多的講座中問我的聽眾：「如果有時光機，最想穿越回哪個朝代？」而選擇宋朝的人真的不多，我真心不懂為什麼呢？

宋朝會吃人或者會放火嗎？不，宋朝會唱歌、跳舞和開懷大笑！

事實上，宋朝有太多迷人的地方，文人世界、庶民日常、藝術輝煌，各種小滋小味構成了宋朝的大好年華。於是我寫下它的節慶，從春節寫到重陽，每個節慶都是一場嘉年華；我記錄吃喝，從食物到飲料到喝酒，各種飲酒時的酒器和遊戲和酒樓的繁華，你怎可不知；我喜歡宋朝的旅遊，有「閒人」帶我到處玩、有好多黃金週可以放假、一年四季都有開放的園林和著名景點可以玩樂，想逛圖書館也輕而易舉；我欣賞它的福利，包辦了人生一條龍，生老病死無憂愁；我中意它的娛樂，只要你願意就可以盡情從早玩到晚再玩到早；我驚艷它的打扮，宋朝女子們的臉龐真的太有意思了；我驚訝它的行業，千年前已經有了外賣和人力銀行；我讚賞它的婚姻制度，特別是重女輕男這一塊還真特別，至於全民活動：「茶、花、畫、香」，點茶、簪花、掛畫、焚香，又是一道無與倫比的大宋風華，每個人都是其中的一分子，從來無分貴賤……有著這些，我想這可以讓更多人知道宋朝有多可愛。

我喜歡的朝代很多，古代文學、文化、歷史都是我的上下五千年。

我喜歡宋朝，因為它平凡得很精采、活潑得有創意，很少有一個朝代是從皇帝到民間都喜歡並擁有一樣的生活樂趣，然而宋朝就是如此。

我喜歡宋朝，它的迷人，希望更多人知曉。

目錄

第一章 節日是永不停歇的狂歡購物節

第二章 京城玩樂生活指南

第三章 宋朝食在有意思

第四章 帝王引領的藝文大宋

第一章

節日是永不停歇的狂歡購物節

宋朝長達七天的假期至少有五個，分別是春節、上元節、清明、天慶節、冬至。換言之，宋朝人可以過五個連休七天的黃金週。現代人仍然延續的假期有春節、上元、清明和冬至。

我們現在過的眾多節日、過節模式，大多奠基於宋朝。妙的是，宋朝的節日幾乎全是「狂歡購物節」，這象徵著宋人已經過著十分成熟且具規模的生活，同時也有穩定的經濟基礎，才得以在節日中盡情享受歡樂。

春節，歡愉之始

宋朝除夕夜怎麼過？據《夢粱錄》記載，人們要「淨庭戶，換門神，掛鐘馗，釘桃符」。大掃除以後貼門神和釘桃符、掛鐘馗可驅邪避災，這是宋人過年的重要節奏。

王安石將春節之景描寫得如在目前：「爆竹聲中一歲除，春風送暖入屠蘇。千門萬戶曈曈日，總把新桃換舊符。」除了貼上桃符也就是春聯以外，還要喝「屠蘇酒」。屠蘇是草藥名，宋人習慣在春節時喝上幾杯以屠蘇草釀造的酒，再用紅布把屠蘇藥渣包起來並掛在門框上，用來「驅邪」和驅除疾病，祈求新年身體康健。

蘇轍也愛在除夕喝屠蘇酒，他在〈除日〉中說：「年年最後飲屠蘇，不覺年來七十餘。」意思是「我喝了一輩子的屠蘇酒啊，這一年、這一生竟過得如此之快！」似乎在這段話中，嗅出春節喜慶裡有著一絲絲蘇轍對人生的微妙感觸。

迎接過年，宋人還會在門上貼年畫以增添喜慶氣氛，且當時已有除夕夜「守歲」的習俗。《東京夢華錄》就記載：「士庶之家，圍爐團坐，達旦不寐，謂之守歲。」

春節的七天假期，從宮廷到民間都瀰漫著一股熱鬧歡騰的氣息。《夢粱錄》卷一〈正月〉：「正月朔日，謂之元旦，俗呼為新年。一歲節序，此為之首。」在初一這天，朝廷會舉行隆重的朝會。皇帝上朝時先上香求蒼生百姓平安、農作豐收，接著向太后拜年：「元正啟祚，萬物惟新。伏惟皇太后陛下，膺時納佑，與天同休。」意思就是新的一年到了，萬物新鮮無比，希望母親您在這時擁有好心情，順心如意。

太后則回皇帝：「履新之祐，與皇帝同之。」

皇帝啊，讓我們一起新年新希望吧！

然後文武百官會向皇帝拜年：「元正令節，不勝大慶，謹上千萬歲壽。」眾臣高呼萬歲後，皇帝告訴諸大臣：「履新之吉，與公等同之。」大家一起新年 party 吧！至於 party

的內容是什麼呢？就是不用上班，放假去啦！

皇上放假了，百姓呢？百姓才是真正瘋狂 party 的成員。

汴京城中，從馬行、潘樓街、州東宋門外、州西梁門外、州北封丘門外，以及州南一帶，到處都是彩棚，銷售衣帽鞋襪、化妝品、日用品與各種有趣玩具，街上車水馬龍、人流不斷，人們紛紛前往酒樓吃飯、暢飲、聽歌，以度假的心情來慶祝年節。

除了玩樂，人們不忘走春拜年，《夢粱錄》說當時「士夫皆交相賀，細民男女亦皆鮮衣，往來拜節」。穿著鮮豔衣裳拜年是宋人過年的必備行程，由於當時人們互相往來拜年的活動和應酬實在太多，因此產生了透過賀卡拜年的方式，分身乏術者會委託家人

〈謝安賭墅圖〉

手持「名刺」（即現在的名片）前往朋友家拜年。這些名刺多由梅花箋紙裁成，大約二寸寬、三寸長，上面寫著受賀人姓名、賀詞和落款。有些人家還因為「投刺賀年」太多而應接不暇，乾脆在家門口掛上紅紙袋，上面寫著「接福」，來人只要將名刺投到紅紙袋內就等於是拜了年，對方也順利「接到福氣」了。

元佑年間，秦觀、黃庭堅、晁補之三人皆曾向一位名為子允的朋友拜年。秦觀在拜年帖上寫著：「觀，敬賀子允學士尊兄。正旦。高郵秦觀手狀」；黃庭堅寫的則是：「庭堅，奉謝子允學士同舍。正月×日，江南黃庭堅手狀」；晁補之的賀年卡則寫到：「補之，謹謁謝子允同舍尊兄。正月×日，昭德晁補之狀」，這樣一來，既送上新年祝福也不會打擾到對方，是個很聰明的拜年方法。

無賭不歡

從大年初一至初三，汴京城開放「關撲」三日。「關撲」即是宋朝的博彩、賭博，春節期間政府才會開放民眾合法聚賭，「貴家婦女縱賞關賭，入場觀看，入市店飲宴，慣習成風，不相笑訝」，女孩們也喜歡看人關撲、到餐廳吃飯，春節期間的「解禁政策」真是落實了官民同樂！

既然「放關撲三日」，人民沉醉在春節的興奮之情中，又有了多餘的錢財，商人們怎會錯過大好的促銷機會呢？《武林舊事》記載：「坊巷以食物、動使（日用品）、果實、柴炭之類，歌叫關撲，如（開封）馬行、潘樓街、州東宋門外、州西梁門外踴路、州北封丘門外及州南一帶，皆結彩棚，鋪陳冠梳、珠翠、頭面（首飾）、衣著、花朵、領抹、靴鞋、玩好（珍玩）。」也就是所有的商人、小販皆在此時傾巢而出，帶著各色各樣的珠寶首飾、衣服鞋襪、新奇玩具上街販賣，趁著過年期間大賺一筆！春節期間的宋人不但賭得開心還能買得盡興，大家和樂融融，這才像是過年該有的樣子！

眾人紛紛出門拜年、走春的熱鬧持續到正月初七，雖然七天連假即將結束，但是歡愉氣氛絲毫不減，因為另一個黃金連假「小過年」——上元節，即將到來。

上元節，我們戀愛吧！

宋朝的上元節慶祝活動，由皇帝從冬至開始親自規劃。上元節之所以發展為宋朝最熱鬧的市井購物狂歡節，和政府對於各項活動的出資贊助息息相關。

《東京夢華錄》序中提及宋朝的歌舞昇平畫面：「太平日久，人物繁阜，垂髫之童，但習鼓舞，班白之老，不識干戈，時節相次，各有觀賞。燈宵月夕，雪際花時，乞巧登高，教池遊苑。舉目則青樓畫閣，棱戶珠簾，雕車競爭駐於天街，寶馬爭馳於御路，金翠耀目，羅綺飄香。新聲巧笑於柳陌花衢，按管調弦於茶坊酒肆。」文中提到宋朝的政治清明、人口眾多，老人和孩童生活在沒有戰爭紛擾的時光中，人們在不同節日有各種玩樂方法。好比上元夜賞燈、在街上馳馬、在酒樓茶肆中高歌談笑，這都是上元節的必備活動。

「上元夜」的重要賣點是煙火和燈會，那麼白日呢？上元節的白天同樣熱鬧非凡，街上有搬演戲曲、表演雜耍、耍百戲的各類演出，宋人還特別喜歡看「相撲」，就連皇帝也熱中此道，宋仁宗就非常喜歡看相撲中的女子相撲。某年上元之日，宋仁宗特別舉辦上元聯歡大會，他召集了諸色藝人獻技，其中就有女子相撲表演，一眾選手們還被賞賜銀絹財物。這時，個性剛毅的司馬光不意外的生氣了，他寫下〈論上元令婦人相撲狀〉給仁宗，內容是說：「宣德門這樣的威嚴之處，皇上啊，您竟然帶著后妃在這兒看婦人相撲？這真是不良示範，我看以後就禁了這把戲，大家都別看了吧！」司馬北北一番苦口婆心是否有用呢？從後來在臨安也大為盛行女子相撲一事，還出了囂三娘、黑四姐、韓春春等著名女子選手來看，司馬北北的勸諫並沒有起到什麼作用。

上元的連假期間，賞燈活動皆由政府主持。宋太祖於乾德五年下詔：「上元張燈舊止三夜，今朝廷無事，區宇又安，方當年穀之豐登，宜縱市民之行樂。其令開封府更放十七十八兩夜燈，後遂為例。」因為國家安定、百姓安穩、五穀豐收，於是下令把上元的狂歡時間從三天延長至五天，這一連，又連出一個舉國歡樂的好時光。到了南宋甚至將放燈日延長為六天，從正月十三就開始放燈。辛棄疾〈青玉案〉描繪了上元夜的美景：「東風夜放花千樹。更吹落、星如雨。寶馬雕車香滿路。鳳簫聲動，玉壺光轉，一夜魚龍舞。蛾兒雪柳黃金縷。笑語盈盈暗香去。眾裏尋他千百度。驀然回首，那人卻在，燈火闌珊處。」整座城在夜裡燈火燦爛，投射出這個城市的繁華和輝煌，人們也盡情沉浸在充滿歡聲笑語的歡騰氣氛中；燈火照亮了夜、照亮每個人的一抹燦笑！在詞中，老辛寫了上元夜的燦爛星子、閃耀煙花與醉人歌舞，卻在最末抒發一股淡淡的愁思，想是他在經歷江山變色之後看到上元如此熱鬧的情景，深感最大的寂寞往往藏身在歡樂中的緣故吧。

從《水滸傳》裡也可以看到當時全民同歡的場景，例如大名府的過節景象：「家家門前紮起燈柵，都要賽掛好燈，巧樣煙火；戶內縛起山棚，擺放五色屏風炮燈，四邊都

唐 周昉〈畫人物〉

掛名人書畫，並奇異古董玩器之物；在城大街小巷，家家都要點燈。」此時，各家各戶在家門前紮上燈柵以便掛燈，並且將珍藏的字畫古玩展示顯擺一番。大名府「照依東京體例，通宵不禁，十三至十七放燈五夜」，長達五天的燈海，成為男女老幼一年中最閃亮的回憶！

而《水滸傳》是這麼講述清風鎮的上元節：「且說這清風寨鎮上居民，商量放燈一事，準備慶賞元宵。科斂錢物，去土地大王廟前，紮縛起一座小鼇山，上面結采懸花，張掛五七百碗花燈。土地大王廟內，逞應諸般社火。家家門前，紮起燈棚，賽懸燈火。市鎮上諸行百藝都有。雖然比不得京師，只此也是人間天上。」清風鎮規模不大，但絲毫不減官民同歡之樂，光燦燦的燈火不僅閃亮百姓的心，更輝煌了宋朝的庶民生活。

上元夜，也是情人節

在古代，讓男女有機會見面、約會、互通相思之情的日子正是上元節，少男少女們都盼望著在茫茫人海中幸運地剛好遇見你。

很多人以為宋朝女子乃是溫良恭儉讓，大門不出、二門不邁，那就大錯特錯了！讓我們回到宋朝的上元節，看看宋朝女子如何度過她們的 lady's night！

宋朝的元夕華燈寶炬，月色如光。比月色更迷人的是人間的燈火，比華燈更動人的便是觀燈的美人啊!!就連文壇超級領袖歐陽脩都說：「月上柳梢頭，人約黃昏後」，待在家幹嘛呢，還不去約會！

宋人的梆子戲〈看燈〉唱詞傳達了上元時女孩兒們出遊之景：「正月裡鬧花燈，姊妹娘兒去看燈。城中仕女多齊整，汴梁城中人看人。」上元節放燈時萬人空巷，不僅觀燈更為了觀人。上元夜燈光再美，也比不上佳人回眸一笑。於是，當天出門看燈、看人來人往便成為全民運動。熱鬧的燈市、紅男綠女熙來攘往、眾人嬉鬧喧嘩，是多麼美好的夜。

只是，有些人似乎不解風情。某年上元之夜，司馬光正閒居家中，這時司馬夫人裝扮完畢欲出門看燈。司馬光一看瞬間嚴肅了起來：「家中點燈，何必出看？」

夫人曰：「兼欲看遊人。」

司馬光竟問：「某是鬼耶？」

司馬北北驚呼：「你是鬼嗎？沒事看人要幹什麼？」看到這裡不禁為司馬北北嘆口氣、為司馬夫人再嘆一口氣，她應該把無趣的丈夫拖出門一起逛街，消消司馬北北的嚴肅氣息才是。

宋 馬遠〈華燈侍宴圖〉

其實，平日裡的汴京已經是「仕女往往夜遊，吃茶於彼（茶坊）」，到了上元節更是女性夜遊的狂歡日。放燈期間，女子只消打扮得明豔動人，「皆戴珠翠、鬧蛾、玉梅、雪柳、菩提葉、燈球、銷金合、蟬貂袖、項帕，而衣多尚白，蓋月下所宜也」，再款款挪步出門賞花燈，那水靈模樣豈不叫青年才俊望之心動不已！

夜又更深了，「都民仕女，羅綺如雲，蓋無夕不然也」。因為是 lady's night 的關係，女孩子勢必要盡興遊賞、徹夜不歸，只要不被撿屍一切都是美好！「每出，必窮日盡夜漏，乃始還家。往往不及小憩，雖含酲溢疲恧，亦不假寐，皆相呼理殘妝，而速客者已在門矣」。

年輕就是有著不怕熬夜的本錢！女孩們整晚狂歡後，隔天也不用補眠，回到家後只需小憩片刻，再整理一下妝容，又可以和朋友一起活蹦亂跳出門遊玩去了。

這就是宋朝女子的上元節！

上元夜逛街看燈的女子之多，從一個細節可以看出來，那就是燈收人散之後，汴京市民有持燈照路拾寶的習俗，往往能拾得觀燈女子們遺落的貴重首飾。《武林舊事》：「至夜闌，則有持小燈照路拾遺者，謂之掃街。遺鈿墮珥，往往得之。亦東都（汴京）遺風也。」

可以光明正大地拿貴重首飾回家，而且不會被抓走，真好！

自由戀愛的年代

元夜時，「見許多才子豔質，攜手並肩低語。東來西往誰家女？買玉梅爭戴，緩步香風度。」、「公子王孫，五陵年少，更以紗籠喝道，將帶佳人美女，遍地遊賞。人都道玉漏頻催，金雞屢唱，興猶未已」、「那遊賞之際，肩兒廝挨，手兒廝把，少也是有五千來對兒。」那些談情說愛的才子佳人既不曖昧也不委屈地大方手挽手、肩並肩，甜蜜指數在此刻破表。

據說汴京還有少年男女才知道的戀愛秘密景點，「別有深坊小巷，繡額珠簾，巧制新妝，競誇華麗，春情蕩揚，酒興融怡，雅會幽歡，寸陰可惜，景色浩鬧，不覺更闌。」少男少女們裝扮一番後到了神秘地點、喝盞小酒、把握時間互訴衷腸，甚至不覺夜色已深沉。

那個時代，少年男女可以自由戀愛，叔叔、阿公、姨丈、二伯、阿姨、嬸嬸、姑媽、舅母們還總結出一套男孩們如何跟女孩子搭話的指南，稱為《調光經》、《愛女論》。內容像是遇到心儀對象要不屈不撓，「屈身下氣，俯就承迎」；先讚美五官再獻殷勤，「容貌無只，次答應殷勤第一」；接著是兩心相悅難捨難離，「少不得潘驢鄧耍，離不得雪月風花」……總之，他們以過來人的經驗告訴年輕人們「訕語時，口要緊，刮涎處，臉須皮」、「以言詞為說客，憑色眼作梯媒」，要說好話、存好心、記得保持微笑！一旦對方有了好印象，抱得佳人歸是勢在必得！

上元夜既能自在出門又能輕鬆約會，因此宋朝許多話本小說、戲文講述的愛情故事，不約而同地以它為時空背景，顯然不是偶然的巧合，而是因為宋人的上元佳節，確實是一個「原來你也在這裡」的多情節日！

話本小說《張生彩鸞燈傳》就是發生在上元夜的愛情故事。越州有位男子名喚張舜美，年約二十，是長相清秀的花美男。他跑到杭州參加科舉卻未能中選，於是留宿客店中讀書。某日正逢著上元佳節，他竟不好好讀書而是跑出去玩。觀燈時，他在亮晃晃的光影中瞥見一名女子身影，頓時怦然心動，內心大喊著：「我在茫茫人海中遇見你了！」他依著腦海中讀過的《調光經》、《愛女論》教戰手冊，帶著滿腔熱情上前搭訕，未料「那女娘子被舜美撩弄，禁持不住。眼也花了、心也亂了、腿也酥了、腳也麻了，癡呆了半晌，四目相睃，面面有情」。情竇初開的女孩被他一撩，竟然眼花、心亂、腿腳酥麻，癡癡站在原地，任由小鹿亂撞……張舜美輕易擄獲少女心後，兩人相戀並相約私奔，最後有情人終成眷屬。

張舜美不但不好好讀書還跑出去看花燈，又順利抱得美人歸，想必他將終生感謝那個使他放下書本的繁華上元夜。而順利到不可思議的交往過程，是不是叫想要脫單的現代人好生羨慕呢？

清明節，美好黃金週

說到「清明」連假，要從唐朝談起。

在唐朝，已有「上巳」、「寒食」與「清明」，並且首次將清明列入國定假日。三月上巳，指三月的第一個巳日，與清明非常接近，也非常接近「寒食」。「寒食」大致在冬至後一百零五天，因各地的演算法不一，常與「清明」重疊。

唐朝的工作日定為九天，休息日一天。休息日分別設在每月的十日、二十日、三十日。假期制度和一國之國力、官員制度、禮儀制度的建設完備息息相關，例如唐朝每逢節氣都要放假，一年有二十四個節氣，就放二十四天假，此外還有婚假、喪假、探親假、拜掃假。

庶民文化極為興盛之宋朝，傳承了唐代時常放假的優良美德。宋人的假期說法多種、內容亦不同，有休沐、歸沐、休暇、休務、旬休、旬假、朝假、式假、假告、假寧、臘假、朝休、更休、告寧、告歸、謁告、謁歸。《宋史》：「宋承唐制，抑又甚焉。」司馬光曾說：「風雨難期王事劇，未知休沐幾旬來。」吐露了「國家事務好多、我好忙，什麼時候可以放假？」的心境，和現代人如出一轍。

唐朝詩人杜牧的「清明時節雨紛紛，路上行人欲斷魂」似乎成為多數人對清明的直覺印象，使得宋朝的「清明」特色不被重視。韋應物〈寒食〉重重打臉了欲斷魂一事：「清明寒食好，春園百卉開。綵繩縛花去，輕毬度閣來。長歌送落日，緩吹逐殘杯。非關無燭罷，良為羈思催。」清明應為歡欣喜樂的節日，是個有花有酒有美景的好日子！

北宋法令《假寧格》：「清明前二日為寒食節，前後各三日，凡假七日。」《宋會要輯稿》：「國初休假之制，皆按令式：歲節、寒食、冬至，各假七日。」清明與寒食

〈古賢詩意圖卷〉

是連著的。按照宋朝習俗，冬至過後第一百零五天是寒食，過完寒食再有兩天就是清明，兩個假期一連總共放假七天，剛好是一個黃金週。

金盈之《新編醉翁談錄》也記錄：「清明節在寒食後，故節物樂事皆為寒食所延。」冬至後第一百零五天為寒食節，冬至後第一百零八天為清明節，清明緊隨寒食，故此清明的假期就跟寒食連在一起，兩節相連，剛好七天黃金週。

由於寒食不能生火以及吃熱食之故，這段時間裡懶得下廚的人真是有福了！飲食上只能吃冷食似乎非常淒涼，事實上則不然，按照宋朝習俗，冬至後第一百零三天稱為「炊熟日」，這天要像準備年夜飯一樣火力全開的準備各種料理，提前備下美食以留著過寒食與清明連假時不用生火也能吃到人間美味。

《新編醉翁談錄》中的《京城風俗記》有句民間諺語：「饞婦思寒食」意思就是在寒食、清明連假這段期間嘴饞的人完全不怕沒東西可吃，反而可以吃到其他時間少見的食物。

深諳享樂之道的宋人豈會放過任何一個大啖美食的機會。

當時有種食物叫「寒具」也就是油炸麻花、饊子一類食物。吃的時候不用加熱，順理成章成了黃金週的必備食品；其次是油炸的糖油果子，叫做「焦ㄗ追」，是用糯米粉、麵粉、麥芽糖一起搓成團狀的小圓球，炸熟後再用竹籤串起，形狀就像是我們現在看到的糖葫蘆；還有「子推」與「棗𠕇固」都是清明時常見的蒸煮麵食點心。子推是將麵團捏成燕子的形狀再蒸熟，清明當天用柳枝串起來掛在門楣上，以此紀念春秋時期被晉文公燒死的忠臣介子推；「棗𠕇固」就是紅棗饅頭；而《東京夢華錄》也說到：「節日坊市賣稠餳、麥糕、乳酪、乳餅之類。」稠餳是種黏手也黏口的飴糖，甜食和各種乳製品都是宋人的愛；愛喝酒的宋人不會忘了準備下酒菜，像是熟雞蛋鴨蛋、糟豬肉、薑豉。薑豉是以帶皮豬肉，加水燉至肉爛湯稠，熄火，靜置直到結成塊的豬肉凍，愛吃豬肉的宋人在不能生火的日子同樣不放過豬肉，因此他們同樣提前準備好這道料理，隨時可供下酒之用。

這些油炸、蒸煮、下酒菜、甜食等食物吃食都是早早就備下的「存貨」，留待清明時可以盡情享用，開懷地吃吃喝喝絕對是必然的假日節奏。

適合全家出遊、約會、踏青、吃喝休息的「晴」日。

寄情於山水的士大夫自不待言，尋常百姓也滿懷趁時出遊的興致。在汴京，城內的士庶商民會約上三五好友，帶著新酒、炊餅、果子、小吃、玩物，出城遊玩：「郊外園苑、山林」，熱鬧如同市肆：「四野如市」，踏春的人們「往往就芳樹之下，或園囿之間，羅列杯盤，互相勸酒。」踏青之後緩緩回到城中「斜陽御柳，醉歸院落，明月梨花。諸軍禁衛，各成隊伍，跨馬作樂四出，為之摔腳。其旗旄鮮明，軍容雄壯，人馬精銳，又別為一景也。」返家時看見柳樹上掛著斜陽，人們帶著幾分醉意返回院落，院中襯著明月如同梨花一樣潔白；駐紮京城的軍隊排成隊伍騎馬為樂；軍旗色彩鮮明，人馬精銳，別成一番特殊風景。這就是宋朝的清明！

晏殊曾看著絡繹不絕的清明遊人，寫下〈假中示判官張寺丞王校勘〉：「元巳清明假未開，小園幽徑獨徘徊。春寒不定斑斑雨，宿醉難禁灩灩杯。無可奈何花落去，似曾相識燕歸來。遊梁賦客多風味，莫惜青錢萬選才。」詩中「假未開」一詞就是假期未滿、尚未結束之意，意即人們仍然處在飲酒、賦詩，享受歡愉的氣氛當中。

宋朝皇帝在清明連假時有「分賜新火」的習慣，也就是不能生火的日子即將過去，皇帝會擇日、通常在清明當天賜給百官新火，有象徵吉利以及祈福之意。《新編醉翁談錄》記載，賜新火之日皇帝會把曬乾的榆木分發給一群小太監，讓大家比賽鑽火，誰最先鑽出「新火」就能得到賞賜：絹三匹、金碗一口。

從皇帝到民間百姓的清明黃金連假，自新火點燃的那一刻起，又一次的璀璨了繁華精彩的大宋生活。

馬遠〈松月圖軸〉

端午節，甜粽還是鹹粽

端午節是宋朝很重要的節日，究竟宋人怎麼過端午節呢？有哪些端午習俗？

楊無咎〈齊天樂〉如此描寫宋朝的端午風情：「疏疏數點黃梅雨。殊方又逢重五。角黍包金，菖蒲泛玉，風物依然荊楚。衫裁艾虎。更釵嫋朱符，臂纏紅縷。撲粉香綿，喚風綾扇小窗午。沉湘人去已遠，勸君休對酒，感時懷古。慢囀鶯喉，輕敲象板，勝讀離騷章句。荷香暗度。漸引入陶陶，醉鄉深處。臥聽江頭，畫船喧疊鼓。」其中「角黍包金，菖蒲泛玉」，「衫裁艾虎」都是端午特有的風物。艾虎就是將艾葉剪成老虎的形狀，或者是在剪紙老虎上貼一片艾葉，最後戴在頭上用於辟邪；角黍就是粽子，而這個稱呼從春秋以來就有了。

宋朝的端午節，吃粽子、插艾草是固定習俗，女孩們也「撲粉香綿」出門逛街採買；街上小販叫賣著端午「節物」。

陸游〈乙卯重五詩〉提到端午的習俗有吃粽子、插艾草、製作藥材等應景方式：

「重五山村好，榴花忽已繁。粽包分兩髻，艾束著危冠。舊俗方儲藥，羸軀亦點丹。日斜吾事畢，一笑向杯盤。」有艾葉、有粽子、有藥丸、有酒食，宋朝端午節的日常，滿分！

另外，在考古中發現歷史上最早的粽子實物就是在宋朝。

《中饋錄》提到宋朝人包粽子的方法：「用糯米淘淨，夾棗、栗、柿乾、銀杏、赤豆，以茭葉或箬芫裹之。一法以艾葉浸米裹，謂之艾香粽子。」和現代差不多，要有糯米、艾葉、各色食材，包出一顆顆「艾香粽子」。當時的粽子有著不同的形狀，大約就是和我一樣手殘的人們隨興包出來的奇異形狀粽子吧！

《歲時雜記》記載：「端午粽子名品甚多，形制不一，有角粽、錐粽、菱粽、筒粽、秤槌粽、又有九子粽。」粽子的形狀有錐形、菱形、桶狀的乃至其他各種形狀粽子，花樣多多。

此外，「端午因古人筒米而以菰葉裹黏米，名曰角。黍相遺俗作粽，或夾之以棗、或以糖，近年又加松、栗、胡桃、薑、麝香之類。近代多燒艾灰淋汁煮之，其色如金。」看得出「甜黨」和「鹹黨」之爭中，「甜黨」穩穩地占了上風，成為主流；各種帶著甜味的果乾、豆子都可以作為餡料，食材十分豐富。

陸游的詩中還提到「舊俗方儲藥，羸軀亦點丹」，為何端午要製藥材呢？因為五月天氣逐漸熱了起來，蚊蟲漸多，所以五月又被稱為「惡月」，插艾草、喝雄黃酒以及佩戴五毒驅蟲香包都是重要的習俗。

《歲時廣記》：「合泥做張天師，以艾為頭，以蒜為拳，置於門戶之上。」這是宋人在端午驅除瘟神的一種方法；蘇轍〈學士院端午貼子二十七首〉中有一句「太醫爭獻天師艾，瑞霧長縈堯母門。」便是描述端午時人們燒艾葉驅蚊蟲、祈求無病無災的景象。

除了吃粽子和驅蟲避暑以外，端午還少不了插花。五月五的購物節主打商品是鮮花，宋人有在家插花或在頭上簪花的習慣，「尋常無花供養，卻不相笑，惟重午不可無花供養」。因此，從五月初一開始，家家戶戶都插上菖蒲、石榴、蜀葵花、梔子花，「雖小家無花瓶者，用小壇也插一瓶花供養」。換句話說，五月期間的熱銷品項是各色鮮花，用來插花、送禮，以驅除暑氣，增添端午的過節氣息。

在宋朝，每一個節日都不僅限於節慶本身的意義，而是注重過節背後的生活樂趣，才是最有意思的地方。

七夕，得巧成就戀情

七夕又是一個萬人空巷、狂歡整日的節日，而宋人重視七夕的程度，從準備過節的時間就可以看得出來。他們從七月初一就開始七月初七的各式活動，《醉翁談錄》記載：「七夕，樊樓前買賣乞巧物。自七月一日，車馬嗔咽，至七夕前三日，車馬不通行，相次壅遏，不復得出，至夜方散。」宋人七夕的主題是「乞巧」，《東京夢華錄》記下七夕夜乞巧的情景：「至初六日、七日晚，貴家多結彩樓於庭，謂之乞巧樓。鋪陳磨喝樂、花瓜、酒炙、筆硯、針線，或兒童裁詩，女郎呈巧，焚香

〈宋人七夕乞巧圖〉

列拜，謂之乞巧。婦女望月穿針，或以小蜘蛛安盒子內，次日看之，若網圓正，謂之得巧。」女子在這天晚上焚香、穿針線、將蜘蛛放在小盒子中等待結網，倘若隔日看到蜘蛛結了圓滿的網子，就是「得巧」，那麼她將會得到一段幸福的戀情。柳永〈二郎神〉就細膩描述了七夕時女孩兒們穿針線，期盼擁有美滿戀情的心境：「運巧思、穿針樓上女，抬粉面、雲鬟相亞。鈿合金釵私語處，算誰在、迴廊影下。願天上人間，占得歡娛，年年今夜。」正值花樣年華的少女滿心期待擁有幸福，於是用一顆真心穿針引線、玩蜘蛛、等結網，如此便可以歲歲年年、天上人間。想要擁有完美戀情，針線和蜘蛛功勞真不小！

七月初一到七夕期間，商家會推出些趣味的小玩意，如以黃蠟製成的鳧雁、鴛鴦；「以瓜雕刻成花樣」的花瓜；用「油麵蜜糖」做成人物或動物形狀的「果食花樣」。這些商品大量在市面上流通，再度創造節慶的經濟奇蹟。

七夕雖然熱鬧，但當天其實是不放假的日子，所幸並不影響百姓的興致。其實宋徽宗曾經想放七夕假期，於是他問宰相王黼：「我朝法定節假日這麼多，可為什麼七夕這個大好的日子不放假呢？」王黼腦子動得快，回答：「柳永寫七夕的〈二郎神〉說『須知此景，古今無價（假）』。」徽宗聽到這麼有巧思的答案很開心，既然如此，少放一天也無所謂吧！

中秋節，飲酒拜月不孤單

宋朝，皇帝會在中秋舉辦聯歡晚宴，在京六品以上官員都要出席。君臣同樂、賞月、賦詩、欣賞樂舞、祭祀月神。宮中在這天吃「宮餅」，民間則把宮餅稱為「小餅」或者「月團」。這些餅的餡料為何，從蘇軾的詩可以知道，宋朝的月餅是加了酥油和糖的甜餅：「小餅如嚼月，中有酥和飴。默品其滋味，相思淚沾巾。」只是坡哥為什麼要在吃了餅之後「相思淚沾巾」？這不是個挺美好的月圓之夜嗎？

讓坡哥落下男兒淚的原因是「迴避政策」。早自秦、漢就已經實行公務人員「迴避政策」，宋朝又將此制度詳細再分為籍貫迴避、親屬迴避、職務迴避、科舉迴避四大類，因此大多數公務人員必須離開原籍任職，也無法攜家帶眷，這樣一來，在家家戶戶痛快過節的時候，獨自一人的落寞可想而知。

無法月圓人團圓的中秋，宋朝文人們也因此多了幾分鄉愁和感慨。蘇軾的〈中秋月〉寫道：「暮雲收盡溢清寒，銀漢無聲轉玉盤。此生此夜不長好，明月明年何處看。」那闋著名的〈水調歌頭〉也是坡哥在中秋時寫給弟弟子由的作品，他回憶著兄弟之情，期盼著「但願人長久，千里共嬋娟。」我總想著，坡哥的心中或許是這樣的思念蘇轍，「子由啊，今年的月亮也圓著呢！希望我們有那麼一日可以不再分隔天涯，再度共賞月圓之樂。」

中秋這天也是「把酒問青天」的日子。月餅並非宋人的中秋必需品，酒才是王道，人們皆把握良辰美景飲酒歌唱，絕不虛度光陰。因為此時是新酒上市的時節，《東京夢華錄》、《夢粱錄》、《武林舊事》、《醉翁談錄》均有中秋節「家家必飲酒」的記載。

《東京夢華錄》：「中秋節前，諸店皆賣新酒，重新結絡門面彩樓，花頭畫竿，醉仙錦旆，市人爭飲。」每年中秋節前，各大酒庫新酒上市，必大做廣告，請歌妓代言商品，「以鼓樂妓女迎酒穿街，觀者如市」，大概

〈浣月圖〉

類似今日的電子花車女郎兼酒促小姐，引得無數少年追隨爭飲，使得新酒大賣特賣了。一家喝酒萬家皆醉的中秋，飲酒作樂之餘，人們還會做些什麼呢？那就是「拜月祈願」。

拜月祈願是宋朝的中秋習俗，金盈之《醉翁談錄》說宋人的中秋，「京師賞月之會，異於他郡。」宋人中秋拜月所祈心願，主要有三個：讀書人願早步蟾宮、科考高中、女孩子願貌似嫦娥、已婚夫婦願多生貴子。」中秋拜月，祈求的都是圓滿吉祥的好兆頭，顯見宋人看待節日的熱情始終如一。

中秋夜是徹夜賞月的日子，小朋友們也可以不睡覺地玩到天亮。《東京夢華錄》：「中秋夜，貴家結飾臺榭，民間爭占酒樓玩月，絲篁鼎沸。近內庭居民，夜深遙聞笙竽之聲，宛若雲外。閭裏兒童，連宵嬉戲。夜市駢闐，至於通曉。」大人們在酒樓賞月、聽歌，那聲音彷彿仙樂般穿透天際；無憂無慮的熊孩子們則到處亂跑、四處玩到天亮。

看著月亮高掛天際，縱然無法歸家團圓，然而心中知道你我正看著同一個月亮、想念著彼此，或許能為內心惆悵的人們帶來一抹釋然淺笑，這麼一想，彷彿也沒有那樣感到孤單了。

重陽節，健康最重要

宋人記述，「成都九月九日為藥市。詰旦，盡一川所出藥草異物與道人畢集，帥守置酒行市以樂之，別設酒以犒道人。是日早，士人盡入市中。相傳以吸藥氣愈疾，令人康寧。」九月九日是重陽節，有藥市、酒市，販賣的都是「令人康寧」的好物！

重陽節要趨吉避凶、祈求長輩身體健康，民眾會在這段期間爭相購買藥材。不買藥也沒關係，可以大方走進藥市用力深呼吸，吸入四周彌漫的藥氣就可以袪病延年，店老闆也不會因為客人只有深呼吸沒買藥而下逐客令。由於藥市太熱鬧，九月九日遊觀藥市便成了宋

蘇漢臣〈市擔嬰戲〉

代成都人的一項遊樂節目，由於出遊人數太多，官府乾脆幫大家蓋個棚子鼓勵玩樂：「官為幕帟棚屋，以事遊觀。」貼心政策再添一筆！

愛買一族的市集

宋朝的成都百姓十分有商業頭腦也深諳玩樂之道，於是每個月份都有伴隨著當月特產的購物狂歡節，叫做「十二月市」：「正月燈市，二月花市，三月蠶市，四月錦市，五月扇市，六月香市，七月寶市，八月桂市，九月藥市，十月酒市，十一月梅市，十二月桃符市。」每個月都有得買，想買什麼應有盡有。

好比三月春光明媚，就逛蠶市吧！蠶市是一個促銷養蠶用具的市集。在蠶市中銷售的商品並不是只有養蠶的用具，而是「貨蠶農之具花木果草藥什物」，也就是農產品展銷會的概念。蘇轍〈記歲首鄉俗・蠶市〉一詩，描述的便是成都蠶市的盛況：「枯桑舒牙葉漸青，新蠶可浴日晴明。前年器用隨手敗，今冬衣著及春營。傾囷計口賣餘粟，買箔還家待種生。不惟箱篚供婦女，亦有鉏鎛資男耕。空巷無人鬥容冶，六親相見爭邀迎。酒肴勸屬坊市滿，鼓笛繁亂倡優獰。蠶叢在時已如此，古人雖沒誰敢更。異方不見古風俗，但向陌上聞吹笙。」意思是去年用的養蠶工具已經壞了，這個月得趕緊補貨。

於是蘇轍來到蠶市，看見人山人海，喝酒、看戲、買賣的景象，而這樣的風俗就是蠶月的特色啊！

在宋朝的諸多節日中狂歡購物不稀奇，倒不是因為百姓們多麼揮霍無度，而是宋朝的庶民經濟確實發達，百姓能以便宜的價格換到日常所需，以及購買提高生活品質的有趣用品。

從這些節慶的歡樂購物情況中，我們看到宋人在物質或精神層次上高度愉悅，以及不同於以往的過節精神，不僅過節日，節日背後的人文精神和文化意涵更有了創新與變化。

第二章

京城玩樂生活指南

宋朝的城市工商業發達、人口眾多、交通便利，還有不少的文化勝地可以遊覽，哪怕不是汴京，各地旅遊勝地帶來的旅遊體驗都令人欣喜！若我們穿越回到西元十一世紀的宋朝首都汴京（今天的河南開封市），你知道該怎麼安排一整天的旅遊行程嗎？十二時辰的汴京自由行，出發！

來去京城住一晚

宋朝的城市旅遊在市坊分離、夜市興盛、生活出入自由以後逐步發展成熟。當時的人們最熱愛的旅遊城市非汴京，也就是今日的開封莫屬！一方面天子腳下的生活最為便利，還能保證旅途的品質，各色各樣的有趣新鮮玩意兒也最豐富。

宋朝旅館業相當發達，「州府縣鎮，驛舍亭鋪相望於道，以待賓客。」到處都有旅店、民宿供人休息住宿。只要有錢就一定可以找到舒適的棲身之所。

《東京夢華錄》說當時「臨汴河大街……街西保康門瓦子，東去沿城皆客店，南方官員商賈兵級，皆於此安泊」、「以東向南曰第三條甜水巷，以東熙熙樓客店，都下著數」，旅館密集度頗高，不難在城內找到客店休息。在〈清明上河圖〉中，孫羊正店的斜對面就可以看到王員外開設的民宿，他掛了招牌並寫著「久住王員外家」，一晚收個五十文錢，對當時的百姓來說不是太大的負擔。

因為旅館業的興起和旅館數量越來越多，宋朝制訂出多項管理旅遊住宿的法令。住宿者若身為秀才就可以優先入住上等客房；若為商人，店家則必須主動告知「先赴務印稅訖，方得出賣」以及「止可令系籍有牌子牙人交易」。這是在提醒商人們買賣之餘記得繳稅，若要在旅店中交易買賣，請務必找有牌照的行老、牙人，以免連累店家受罰。

宋人已有聘用合法員工、保障勞工權益的觀念，《東京夢華錄》提到宋朝有非常現代化的人力銀行，「凡雇覓人力，幹當人、酒食、作匠之類，各有行老供雇。覓女使即有引至牙人」，「行老」會替你介紹差役、廚師、精通手藝的工匠、女僕，差役；而「牙人」是指接洽買賣雙方並抽取傭金的一種職業。

出門在外卻感到身體不適、水土不服，絕對是非常掃興的！宋朝政府有著貼心的住宿條款，「客旅不安，不得起遣。仰立便告報耆壯，喚就近醫人看理，限當日內具病狀申縣照會。」意思是旅館老闆若發現客人生病了，不可以趕他離店，而是要提供就醫資訊，「耆壯」（民間基層組織的首領）要請大夫替客人治病。不僅如此，旅館老闔還要在當天報告所在衙門有人生病了，速請政府清潔各地環境，協助體弱者、老人家、兒童加強保健。如果病人身上沒有足夠的醫藥費，衙門會無條件支付。畢竟是在當地生的病，在地政府得負責到底。除了照顧病人，同時加強周邊環境防疫，是相當先進的做法。

出遊時若走得腳酸腿痲，也可以租匹馬或者雇輛馬車載著你繼續遊玩。《東京夢華錄》：「都人尋常出街市幹事，稍似路遠倦行，逐坊巷橋市，自有假賃鞍馬者，不過百錢。」也就是汴京的市民出門前，若覺得路程稍微遠了點，就會租馬代步；若因事晚歸也不用擔心無法返家，即使是夜晚二更時分都有馬匹出租，和我們現在二十四小時都可以輕鬆叫到計程車一樣方便。

除了租馬、雇馬車以外，宋人還有不少種類的「客車」。如「氈車」，是女子搭乘的小車；「獨牛廂車」是貴族們乘坐的代步工具；「三廂牛車」適合長途旅行，因其兩輪、雙層車廂、以三牛駕馭，可載多人；「安車」則是由黃牛拉的車子，步行緩慢，適合老人家或小孩搭乘。

然而不管選擇何種代步方式，在宋朝還是別乘坐轎子的好。看看〈清明上河圖〉就知道，乘坐轎子的人非常少，這是因為宋人認為乘轎並不體面，人力抬著轎子「以人代畜」亦有損轎夫顏面，因此重視人文精神的宋人不習慣也不輕易乘轎。

《朱子語類》：「南渡以前，士大夫不甚用轎，如王荊公、伊川皆云不以人代畜，朝士皆乘馬。或有老病，朝廷賜令乘轎，猶力辭後受。」顯示乘轎者多為老病之人。

乘轎既是有辱他人尊嚴的事，自然非宋朝士大夫所為。王安石罷相後隱居鐘山，常常騎著驢子到處亂跑，過著賞花賞月的閒適日子，曾有人勸他「我是為你好啊，你是德高望重之人應當乘轎」，王安石臉色一沉：「自古王公雖不道，未嘗敢以人代畜。」堅持的個性，絕不被情緒勒索！果然是我們熟悉的王安石。

王安石

和王安石在官場上相愛相殺的司馬光也不喜歡乘轎，他到山中玩耍時還是乘馬，若遇到狹窄道路就乾脆拿著楞杖慢慢前行。司馬光少數乘轎的經驗是他居相位時「以病不能騎，乃詔許肩輿至東門，蓋特恩也。」這是由於他身體不適，皇帝特別要求他乘轎的緣故。這時候若再推辭就是敬酒不吃吃罰酒了，司馬北北只好乖乖聽話。

在汴京，吃好吃滿逛足

有過自由行經驗的朋友應該可以理解，迷路是必然的。但是在宋朝，完全不用擔心去新的遊覽勝地會不認識路或迷路，因為當時已經有專職導遊助人一臂之力。彼時有一群被稱為「閒人」的職業，這名稱實在不怎麼好聽，但事實上他們可是一群無所不能的專職導遊，史書形容「能文、知書、寫字、善音樂，今則百藝不通，專精陪侍涉富豪子弟郎君，遊宴執役」、「專為探聽妓家賓客，趕趁唱喏，買物供過，及遊湖酒樓飲宴所在，以獻香送歡為由，乞覓贍家財。」他們陪著旅客「遊宴執役」，幫忙取得旅遊資訊，想買些伴手禮也可以請閒人幫忙代購，還帶著遊客大街小巷到處遊玩，在各大著名景點打卡留念。閒人一點都不閒，他們是專業的忙碌導遊。

宋朝還有個名為「四司六局」的官方機構，四司為帳設司、茶酒司、廚司、臺盤司；六局為果子局、蜜餞局、菜蔬局、油燭局、香藥局、排辦局。四司六局乃為官府、富家所設，掌管筵會的安排。四司六局同樣負責提供導遊服務，「欲就名園異館、寺觀亭臺，或湖舫會賓，但指揮局分，立可辦集，皆能如儀。」當然啦，請導遊需要花錢，如果想靠著自己的能力規劃自由行，可以買一份在地旅遊地圖：「地經」或「里程圖」。地經或里程圖都標示出通往景點的道路、甲地到乙地約需要多少里程、渴了哪裡有茶肆、餓了哪裡找飯店……對自由行的遊客來說是一大福音。

玩了半天也該找家酒店、飯店吃飯、飲酒、休息一會兒了。

宋朝是古代美食的黃金時代，烹、燒、烤、炒、爆、溜、煮、燉、鹵、蒸、臘、蜜、蔥拔等烹飪技術，全部在宋朝發展並越發成熟。汴京更是美食的天堂，《東京夢華錄》提到汴京城有一百多家店舖，其中酒樓和各種餐飲業占了半數以上；〈清明上河圖〉描繪的一百多幢房屋建築中，能夠明確認出是餐飲業的店舖就有四十到五十間，人們絕對能在汴京中吃飽喝足！

宋朝滿大街都是茶坊、茶肆，好比朱雀門外，「以南東西兩教坊，餘皆居民或茶坊，街心市井，至夜尤盛」；舊曹門街的北山子茶坊，「內有仙洞、仙橋，仕女往往夜遊，吃茶於彼」。走累了，不妨到茶肆、茶坊，悠哉地喝個下午茶吧！

宋 錢選〈畫盧仝烹茶圖〉

從早到晚，歡樂不打烊

每到清晨，汴京城寺院中的僧人便開始報曉，「每日交五更，諸寺院行者打鐵牌子或木魚，循門報曉，亦各分地方，日間求化（化緣）。諸趨朝入市之人，聞此而起」。不僅汴京，南宋時的臨安（杭州）也是如此，「每日交四更，諸山寺觀已鳴鐘，庵舍行者、頭陀打鐵板兒或木魚兒，沿街報曉，各分地方」。聽到報曉聲，可以賴個床後再準備梳洗、吃早餐！

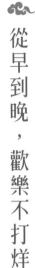

僧人報曉同時還兼任天氣播報員：「若晴則曰天色晴明，或報大參，或報四參，或報常朝，或言後殿坐；陰則曰天色陰，晦雨則言雨。」只要待在房間內、被窩裡就可以知道外面的天氣，以及該穿什麼樣的衣服再出門了。

在報曉聲中，城市跟著甦醒，「諸門橋市井已開」。飯店「多點燈燭沽賣，每分不過二十文，並粥飯點心。亦間或有賣洗面水，煎點湯茶藥者，直至天明。」人們可以買碗粥好好享用。一大清早的汴京相當熱鬧，進出城市買賣麥穀的農民，「用太平車或驢馬馱之，從城外守門入城貨賣，至天明不絕」；菜市場的攤販也已宰殺好豬羊，

「每人擔豬羊及車子上市，動即百數」，早餐店、菜市場、進出城的農民忙碌地展開一天的生活。

越夜越美麗

宋朝之前，人們一日只吃兩餐，到了宋朝，才開始一日三餐的生活。吃過晚餐之後，宋朝的夜生活正式啟動。

宋朝前期還保留著宵禁制度，但是宵夜時間已經大幅度縮短，「京城夜漏，未及三鼓不得禁止行人」。想當初唐朝的宵禁時間可是從「晝漏盡」，擊鼓六百下之後開始，即一入夜就禁止行人通行，至次日「五更三籌」才結束。換算成現在的時間，大約從晚上七點至第二天早晨四點都是宵禁時間。

宋初將宵禁的時間延後到大約晚上十一點、結束於凌晨三點左右。換言之，唐代的宵禁時間為九個小時，宋初的宵禁時間是四個小時。然而隨著時間推移，夜生活的時間不再受到限制，城市中出現熱鬧的夜市。走在宋朝的夜晚街道你會看到，「夜市直至三更盡，才五更又復開張；耍鬧去處，通宵不絕。」通宵達旦、燈光閃爍至天明的不夜城在宋朝正式登場。

從早到晚的汴京都是人聲鼎沸，「大街買賣，晝夜不絕，夜交三四鼓，遊人始稀；五鼓鐘鳴，賣早市者又開店矣」；早市從凌晨五更開始一直到深夜：「夜市除大內前外，諸處亦然，唯中瓦前最勝，撲賣奇巧器皿百色物件，與日間無異。其餘坊巷市井，買賣關撲，酒樓歌館，直至四鼓後方靜，而五鼓朝馬將動，其有趁買早市者，復起開門。無論四時皆然。」一整天都有得吃喝、買賣、唱歌跳舞、飲酒作樂，勾欄瓦舍的表演也從不停歇。

宋朝夜市有各種美食攤販，「大街有車擔設浮鋪，點茶湯以便遊觀之人」、「又有沿街頭盤叫賣薑豉、膘皮子、炙椒、酸兒、羊脂韭餅、糟羊蹄、糟蟹，又有擔架子賣香辣罐肺、香辣素粉羹、臘肉、細粉科頭、薑蝦……」、「最是大街一兩處麵食店及市西坊西食麵店，通宵買賣，交曉不絕。緣金吾（負責宵禁的官員）不禁，公私營幹，夜食於此故也」、「冬月雖大雨雪，亦有夜市盤

宋 張齊翰〈秉燭夜遊〉

賣。」走一趟夜市，從頭吃到尾一定很過癮，春夏秋冬都營業的夜市不僅滿足了宋人的日常，庶民生活從此變得更加多元。

除了逛夜市，另一個消磨夜晚的選擇就是到勾欄瓦舍看表演。瓦舍之內，設有勾欄、樂棚，城內規模最大的瓦舍，內設「大小勾欄五十餘座」，而最大的勾欄「象棚」可容數千人；「夜點紅紗梔子燈，鼓樂歌笑至三更乃罷」，顯見勾欄瓦舍日夜不停的表演雜劇、滑稽戲、講史、歌舞、傀儡戲、皮影戲、魔術、雜技、蹴鞠、相撲等娛樂節目。

瓦舍中除了各種表演，還兼賣貨藥、賣卦、賣二手衣物、飲食、剃剪紙畫，熱鬧非常。無論外面的世界如何，勾欄瓦舍裡頭歌照唱、舞照跳、天天都有演出和小買賣，而且生意永遠好得不得了！古書形容：「不以風雨寒暑，諸棚看人，日日如是。」

到勾欄瓦舍看表演當然需要付觀賞費用。收費分兩種方式，一是收門票，先購票後再進入勾欄觀看節目，可以一票玩到底；另一種收費方式是免費入場，但在表演之前會有專人向現場觀眾討賞錢。總之，進入勾欄瓦舍中免不了花些銀兩，但這些銀兩換來了不少歡樂，相當值得啊！

待到瓦舍勾欄歇息，大約已是深夜一點多。這時可以雇匹「出租馬」返家休息。

觀光名所皇家園林

宋朝文人喜愛將山水田園風光與文化創作聯繫在一起，除了借用園林山水象徵自己的心境和透過書寫環境的變遷以表達自身感觸或施政成果以外，更喜歡透過修整花草植物以表達內心情懷。邵雍在〈重遊洛川〉提到：「買石尚繞雲，買山當從水。雲可致無心，水能為鑒止。」文人士大夫樂於傾心林泉、尋求自然。蘇軾的「如風吹水，自成文理」比喻自然、人我合一的精神，人為與自然相對應已經成為宋朝文學中一股重要的思潮，而「園林」正是這樣的心理產物。

《東京夢華錄》詳細記載了宋朝著名的園林名單：玉津園、學方池亭榭、一丈佛園子、王太尉園、孟景初園、快活林、麥家園、王家園、東御苑、李駙馬園、金明池、宴賓樓、集賢樓、蓮花樓、下松園、王太宰園、蔡太師園、養種園、梁園、童太師園、庶人園。這些園林除了呈現宋人的審美觀以及建築特色以外，更重要的便是反射出園林主人的內心世界，或逍遙或熱中享樂。

宋朝的私人園林經常性開放市民遊覽，而定期開放皇家林苑則是一項國家制度，明代《汴京遺跡志》就提到這項遊覽特色：「梁園、芳林園、玉津園、下松園、藥朵園、養種園、一丈佛園、馬季良園、景初園、奉靈園、靈禧園、同樂園，以上諸園，皆宋時都人遊賞之所。」書中列出的園林，多數向公眾開放、任士庶遊賞。

按慣例，每年的農曆三月份，金明池、瓊林苑等皇家園林都會向市民開放，任人遊賞。金明池乃前朝周世宗開鑿的人工湖，經宋初多次擴建後修築成大型水上園林和水軍練兵場。

《宋稗類鈔》中描繪了一段關於擴建金明池的神奇故事。宋太祖時，有人忽然在深夜前往拜訪司天監官員苗光裔，請他幫忙算算自己的身世。苗光裔算

〈金明池爭標圖〉

道：「你要搬家比較好喔。」來人問：「那我家會有人員死傷嗎？」苗光裔說：「不會啊。」誰知後來又連著有兩個人來問同樣的事，這讓苗光裔起了疑心，一把抓住來人衣服問：「你是誰啊？」沒想到對方回答：「喔，我是金明池裡的烏龜啦，前面兩人是我爺爺和我爸，我們想說朝廷要拓寬金明池，我怕我們家會被破壞，所以才來問問你意見嘛！」苗光裔面對烏龜一家三代的出現和疑問，全無半點驚嚇的上奏朝廷，請求金明池動工時千萬別傷了烏龜們，後來朝廷亦遵守承諾將清理出的幾十萬隻烏龜全部放生。此事雖玄，但看了感到人間自有真情在，是個挺可愛的小故事。何況出自《宋稗類鈔》，擺明告訴大家此乃「稗」官野史，觀眾姑且聽之笑之。

除了皇家園林，許多文人的私人園林也同時開放，不收門票，例如司馬光在洛陽的「獨樂園」時常開放讓百姓們到此一遊，一睹文人園林的美景，感受文人的風采！

插播一小段司馬北北獨樂園的故事。北宋熙寧四年，司馬北北因與王安石政見不和請辭，轉任西京留司御史臺，從此定居洛陽長達十五年。無獨有偶，蘇軾也是因為和王安石吵架，自請外放到杭州，一路在杭、密、徐、湖輾轉，留下不少為人民所稱道的政績和諸多文學創作。

跟王安石因政見不合吵架的人似乎都有種慣性行為：「你不走，我走！」

司馬北北在洛陽的日子裡編著《資治通鑑》，還把所住之地起名為「獨樂園」，偶爾開放供民眾自由參觀，此園名表示自己雖不再身居廟堂，卻以讀書編書自娛，並樂在其中。

名滿天下司馬光，完全呈現宋朝文人有閒、有錢、有聲望的一面。這實在不失為一種難得的人生樂趣，也是宋朝文人寬慰自我、超然於外的表現。

那麼和司馬北北吵架的王安石呢！他也有著自己的園林小天地。王安石卸任後隱居在江寧的「半山園」，園外不遠處有個名叫「謝公墩」的小土堆，據說是東晉時指揮大軍在淝水大破前秦軍的謝安坐過的地方。而謝安字安石，正好和王安石的名相同，王安石對此開懷不已，開心的寫了〈謝公墩〉穿越時空和謝安說話：「我名公字偶相同，我屋公墩在眼中。公去我來墩屬我，不應墩姓尚隨公。」看來王安石認為這石墩從此就歸自己了，不如改名姓王吧。蘇軾聽說此事後再度正常發揮嘲笑他人的本領，他說王安石這樣的行為：「簡直是和死人爭地嘛，無聊！」王安石得知後也只是聳肩一笑，壓根也沒往心裡去。

王安石與蘇軾、司馬光終其一生在政見、思想、生活方式上天差地別，也因政治之故爭吵了一輩子。然而這三位文人令人欣賞的地方之一，便是他們有著坦然的胸懷，撇開政治不論，他們可以是朋友、可以把酒言歡，還可以開彼此玩笑，想來實在難得。

說到這兒，得補充一下宋朝的園林開放方式，宋代的私家園林有一個慣例：長年或不定期、定期向外人開放。開放期間，任何人都可以進入遊賞：「都人士女載酒爭出，擇園亭勝地，上下池臺間引滿歌呼，不復問其主人」，在名園內遊玩、歡唱，完全不用擔心被主人趕出來。

而皇家園苑自然更是金碧輝煌、風光宜人，政府還擔心遊人不能盡興玩得痛快，又

〈林亭佳趣〉

在金明池舉辦盛大的水上節目表演。《東京夢華錄》記錄各種表演項目，「水戰」（水師演習）、「百戲」（水上雜技）、「競渡」（游泳比賽）、「水秋千」（跳水表演）、「龍舟爭標」（賽龍舟），供遊客觀賞。此外，政府也允許小攤販在城外開店擺攤、允許藝人駐園演出，以便市民觀遊之餘，又可隨處吃喝、購物、休憩、娛樂。換句話說這就是一年一度的全國性超級園遊會，大家要賺錢、吃喝玩樂就趁此時。因此每至金明池「開池」之時，「遊人士庶，車馬萬數」，都是前往金明池、瓊林苑遊玩的遊客。

《醉翁談錄》記下當時流行一句諺語：「三月十八，村裡老婆風發。」為什麼老太太的心情如此美麗？因為要到皇家林苑遊玩去囉！老太太步入金明池或瓊林苑後看見仙橋上人們熙來攘往，沿路有賭博攤位，若是要賭上一賭，那麼車輛馬匹、土地、歌姬、舞女都成了雙方的賭注；還有藝人賣藝的勾肆，如張藝多、渾身眼、宋壽香、尹士安小樂器、李外寧水傀儡，不勝枚舉；金明池的東岸有楊柳依依，兩旁是可以出租的綵樓、幕帳，專門讓人在此觀看金明池中爭奪錦標的競賽；除了看表演，這裡還提供攤商陳列珍玉、古玩、絲帛綢緞、茶酒器具；走逛時餓了可以在路邊買到水飯、涼水菉豆、螺螄肉、饒梅花酒、查片、杏片、梅子、香藥翠梅、旋切魚膾、青豆鹽鴨卵和各式醬菜，保證不用餓著肚子逛園林。

虔誠宗教巡禮

「有山就有寺，有人就有僧」，宋代宗教資源旅遊發展極佳，盛行於旅遊路線經。信仰中心的發達一方面源於祭祀時的精神需要，另一方面則是提供修身養性的方外之地。「距山不遠，有浮屠氏之宮曰寶峰，寺飲山之翠，納山之光，領山之要，裡之人樂遊焉。」山光水色促使人們心境開闊，加上宗教信仰的加持，使得旅行更添精彩。

蘇軾和佛家的密切往來，留下大量文字記錄了佛家的思想與生活方式，直至今日仍為人們流傳；而佛寺成為主流的旅遊去處，正是因其既有文化內涵，又有自然風光的緣故。楊萬里在杭州留下的詩句：「家家砌下過清泉，寺寺雲邊佔碧山。走馬來看已心醒，更教選勝佳中間。」也說明佛寺地理位置優越，風光秀美。佛寺周邊涼亭為遊客提供歇腳之地，寺中供應飲食與住宿。文化內涵還是山水風光以及旅遊配套都極為完整，佛寺旅遊能得到宋人的青睞也就不奇怪了。

這樣的文化現象，顯出宋朝對各種宗教信仰的包容與重視。不特別偏向當時的佛教，也對大量的穆斯林給予重視。這是宋朝對外來文化極為珍視的可貴之處！

人氣景點大相國寺

大相國寺是出家人的寺院，從《東京夢華錄》記載看到其特殊之處在於「每月五次開放萬姓交易」，這「萬姓交易」規模不小，讓大相國寺成為最大的商業中心，「中庭兩廡可容萬人，凡商旅交易，皆萃其中，四方趨京師以貨物求售、轉售他物者，必由於此。」你想要買什麼商品，不管是宋朝生產、海外進口，都可以在大相國寺買到，這裡的大三門上皆是飛禽貓犬之類，珍禽奇獸無所不有，值得前往尋寶。

來到近佛殿，這裡銷售「趙文秀筆及潘穀墨」等文物，是一個頗具規模的圖書市集，更是文青聚集地。「殿後資聖門前，皆書籍、玩好、圖畫，及諸路罷任官員土物、香藥之類。」在這兒可以淘到珍貴的書畫金石文物，買到好書、古玩、香料，增添生活情調。甚至，走著走著就遇見了李清照與趙明誠夫婦，畢竟他們小倆口的興趣就是跑到大相國寺四處尋寶，再一起賞玩品鑑！

此外，大相國寺中的僧人有著高超廚藝，都是辦桌總鋪師等級的大廚，「每遇齋會，凡飲食茶果，動使器皿，雖三五百分，莫不咄嗟而辦」，有位叫做惠明的和尚廚藝尤其高明，據說最擅長燒豬肉以至獲得「燒豬院」的花名。

到了大相國寺，一定要試試惠明和尚的燒豬肉。但你可能會想，惠明和尚不是出家僧人嗎？吃豬肉不大好吧？那麼我得告訴你，宋朝的人們，上至皇帝下至百姓，對待各種不同的生活方式都有著極高的包容度。既然如此，心在佛、而人在世俗有何不可呢？

〈李清照畫像〉

跟團還是自由行好，請選擇

王安石〈遊褒禪山記〉：「餘與四人擁火以入，入之愈深，其進愈難，而其見愈奇。」跟團的好處就是指定一名行程規劃大使，負責安排食宿，同行者就不必大傷腦筋，跟著玩就行！旅途中大家詩酒唱和，聊天歌唱，極為歡樂！

自由行的好處多多，想留就留、說走就走，全然憑著心中所想即可！詩人楊萬里聽聞麻姑山風景極佳，於是便「乘興孤往」，獨遊麻姑山：「余同年何同叔謂予曰，裡中有名山，曰麻姑者，山水之勝，甲大江之西。」隨時來一趟自由隨性、說走就走的旅遊，自由行的無窮逍遙，宋人早就了然於胸！

《苕溪漁隱叢話》曾提到蘇軾、章惇的雙人自由行，他們兩人喜好遊玩四方後寫下詩文以資紀錄。一次蘇軾寫下記遊詩：「日日出東門，步尋東城遊。城門抱關卒，怪我此何求。我亦無所求，駕言寫我憂。」章惇抓住其中的「步」和「駕」兩字刁難坡哥：「你前面出城是步行，後面卻又突然坐車了，顛三倒四，更換交通工具也太頻繁了！」坡哥為自己辯解：「我用自己的屁股當車輪子，用自己的神志當馬，哪還用得著更換？」兩人笑而不止。

蘇軾和章惇是好友，卻在北宋無止盡的黨爭中成為政敵，愛你愛到害死你的兩人若一朝回首此事，不知是否感慨萬千。

天倫之旅家族行

家族旅行在宋朝相當盛行。各種民俗節日如春節廟會、上元燈市、清明踏青、端午競舟等都是遊玩的好時節，常會見到舉家外出旅遊的情景。李元佐：「宰南城，嘗挈家，遊麻姑山，諸子尚少，挾隨行二童，登齊雲亭，覩山澗花蝶翻飛可愛」，寫出了一家人共遊山中並賞景的過程。

當經濟基礎到達穩定水準後，人們自然會進一步追求精神上的享受。而在宋朝，旅遊帶來的樂趣不單貴族能感受，普通百姓同樣辦得到，不用去很遠的地方、不用花大錢，只要聘用一名導遊帶著全家四處走走看看、吃吃喝喝即可，這就是各大「黃金週」的樂趣所在！

走一趟宋朝圖書館

現代人想要看書買書是一件非常輕鬆的事，網路書店、實體店面、圖書館都有成堆的書籍等著大家。但在古代，買書不容易，特別是在造紙術和印刷術尚未成熟發達以前，想得到閱讀或購書的機會難如登天。

即便如此，古代還是有極其悠久的書寫和閱讀歷史，證明人們確實有讀書的需求並從中得到滿足。順著這條閱讀脈絡，由國家建立的圖書機構應運而生，讓閱讀得以普及。如西周的盟府、兩漢的石渠閣、東觀和蘭臺、隋朝的觀文殿、宋朝的崇文院、明代的澹生堂、清朝的四庫全書七閣都具有「現代圖書館」的模式。

宋真宗〈勸學篇〉記載：「富家不用買良田，書中自有千鍾粟；安居不用架高樓，書中自有黃金屋；娶妻莫恨無良媒，書中自有顏如玉；出門莫恨無人隨，書中車馬多如簇；男兒欲遂平生志，五經勤向窗前讀。」一道出讀書的可貴，而讀書、科舉確實也是宋人得以透過自身努力改變身分和地位，獲得不同人生道路的途徑。

宋朝時，造紙和印刷的高度成就早已不構成書籍流通上的障礙，加上教育和科舉的普及使得讀書人口數量大幅飆升。文人對書本有更高的需求，一般百姓即使不參加科舉，只想從文字中得到一些樂趣，也能藉由許多管道閱讀。就這樣，宋朝的圖書機構成為大宋子民借書、讀書的好去處。

宋朝初期，昭文館、史館、集賢院三館的國家藏書數量共約一萬三千餘卷，相對應於當時的人口以及文人而言，數量仍嫌不足，宋太宗便下令各地政府協助增加國家藏書量。當時所採用的方法有三種：

（一）收集各地經歷戰亂得以保留之書籍。

（二）獎勵私人獻書。

（三）派遣文官、負責抄寫的官員於全國尋訪、抄寫，另聘人刻版印刷，最後由國家大量印書發行。

透過這三項措施，宋朝建國不到二十年的時間內，將國家藏書由一萬三千餘卷增加至八萬餘卷，含括文學、哲學、史學、藝術等多種類且大量的書籍。宋太宗說：「喪亂以來，經籍散失，周孔之教將墜於地。朕即位之後，多方收拾，抄寫購募，今方及數萬卷，千古治亂之道，並在其中矣。」由這段話可知「多方收拾，抄寫購募」是最重要的收藏來源；宋真宗也多次下詔「購求逸書」、「廣開獻書之路」，這些向全國收書的政令初步完成了國家藏書數量，以及宋代藏書機構的規模。

宋朝圖書館可分為四類：

一、國家藏書機構

如前文所提，具規模的國家圖書機構主要是昭文館、集賢館、史館三館。此外還有國子監、舍人院、御史臺、司天監等中央機構也設有藏書處。宋朝以文治立國，「自然蓄天下圖籍，延四方之士」。這三館為當時的國家圖書館以及教育機構，允許文臣學士入閣閱讀或借閱館內藏書。

二、私人藏書機構

宋初的藏書家胡仲堯，「累世同居，至數百口。構學舍於華林山別墅，聚書數萬卷，設廚廩以延四方遊學之士。」看來胡仲堯似乎頗有背景，可以買下一棟別墅並藏書萬卷，還可以開設中央廚房招待自四方前來的讀書人。

另一位藏書家宋敏求，在宋仁宗時參與《新唐書》編纂、宋神宗時又列入國史的編寫組。他藉著父親宋綬留給他的典籍，纂集《唐大詔令集》，是後人研究唐朝的重要史料。此外，他憑著家中藏書萬卷吸引大批文人前往借閱，王安石在京城當官的一小段時間裡，每天都跑去宋敏求家借閱唐人詩集，後來編出了《唐百家詩選》。

由於每天來往宋敏求家實在麻煩，許多文人乾脆在他家旁邊置產以求讀書便利，這些文人的購屋舉措竟無心插柳的幫宋敏求抬高了房價，其藏書地點在春明坊，「居春明坊時，士大夫喜讀書者，多居其側，以便於借置故也。當時春明坊宅子比他處價值常高一倍。」他的房子即因藏書眾多之故硬是比同地段房價高上一倍，果然「書中自有黃金屋」啊！

三、社會福利藏書機構

社會福利性質的藏書機構為「寺廟藏書樓」。此類機構非常開放，內部僧侶可以閱讀，每個人也都可以在此免費借書。例如我們談過的大相國寺，除了借閱以外還提供短期借宿的待遇，讓不少人得以在此專注汲取知識。在知識面前不分身分、地位和職業貴賤，宋朝的圖書館將這樣的精神發展到了極致。

四、地方藏書機構

宋朝中央設有國立藏書樓，地方也建有州立藏書樓、縣立藏書樓。許多文人因黨爭之故自請外放或遭遇謫遷，他們會在謫居地建立地方圖書館，並且免費供當地民眾借閱。

宋朝文人滿布天下，同時促成地方性圖書館分布於各州縣。宋徽宗也曾在各地創辦州立圖書館。《宋史》：「大觀三年六月甲戌，詔修樂書。九月乙未，賜天下州學藏書閣名稽古。」由此可知當時州立圖書館名為「稽古閣」。另外如資州的「聚書樓」、「博雅堂」，建康府的「紬書閣」、慶元府的「重樓」、揚州的「藏書樓」都是地方上頗具規模

(左)李白、(右)柳宗元

也對外開放的圖書機構。

宋朝的圖書事業從收集到典藏，從校勘整理、刊刻到裝幀都可說是完全超越前朝的水準，達到古代文化歷史的顛峰。到了宋朝，圖書館的功能才真正得以廣為流通，讓貴族與平民此後再無知識上的差距，科舉也隨著這股助力真正走向民間，同時深刻影響了明清的藏書事業。

圖書事業的普及，增加庶民借書、閱讀的機會。身為宋朝子民，想要隨時隨地讀到司馬相如的賦、柳宗元的文、李白的詩、歐陽脩、晏幾道的詞，都是輕而易舉的人生樂事。

福利制度滿分

宋朝的社會福利制度絕對是古代最棒、最吸引人的政策了！

多項福利措施的施行，我想是源自於宋人心中原有的良善與互助之情。《東京夢華錄》說到宋朝百姓們相當重視情誼，如果見到外地人受到欺負必定挺身相助；遇到新搬遷的住戶，鄰居會先將日常生活用品出借使用、送湯送茶，並且告訴新鄰居哪裡可買賣、哪裡可吃喝。每天在城中提著茶瓶走動送茶之人最瞭解各家情況，若遇到某戶人家有吉凶之事，會讓鄰里中人得知以便互相協助。這就是宋人的貼心之處，因此產生各項促使人們生活更加便利舒適的政策。

《宋會要輯稿・食貨》記載：「崇寧初，蔡京當國，置居養院、安濟坊，給常平米，厚至數倍。……三年，又置漏澤園，置籍，瘞人並深三尺，毋令暴露，監司巡曆檢察。安濟坊亦募僧主之，三年醫愈千人，賜紫衣，祠部牒各一道；醫者人給手曆，以書所治痊失，歲終考其數為殿最（考核指標）。諸城、寨、鎮、市戶及千以上有知監者，依各縣增置居養院、安濟坊、漏澤園。道路遇寒僵僕之人，及無衣乞者，許送近便居養院，給錢米救濟。孤貧小兒可教者，令入小學聽讀，其衣襴於常平頭子錢內給造，仍免入齋之用。遺棄小兒，雇人乳養，仍聽宮觀、寺院養為童行。」這一大串文言文，意思是北宋崇寧年間的福利救濟機構包括三個系統——居養院（福利收養系統）、安濟坊（福利醫療系統）、漏澤園（福利性公墓）。

這些福利機構並非創於崇寧年間，不過卻是崇寧初年由蔡京執政後才在全國展開，各州縣及規模略大的城寨市鎮，均必須設立居養院、安濟坊、漏澤園，這三個福利系統實際上已覆蓋人們的生老病死。當然，宋代福利制度的只限於「鰥寡孤獨貧乏不能自存」的貧困群體，並非不分貧富，這一點倒是很令人讚賞！

從搖籃到墳墓，政府照顧你

宋朝設立福利機構收養、賑濟棄嬰與孤兒，主要由綜合性福利機構如「福田院」負責收養京師汴梁的老幼廢疾；「廣惠倉」負責賑濟各州縣的老幼、貧乏不能自存者。從哲宗朝開始，全國施行「居養法」，設立「居養院」以收養無法自存之民，稍大一點的兒童，則「令入小學聽讀」。

宋朝收養貧困老人的福利機構也包括綜合性機構與專門的養老福利機構，「安老坊」、「安懷坊」、「安濟院」都是收養年老而無歸者的養老院。按宋人的規定，六十歲以上為老人，可享有進入福利機構養老的權利，國家提供的養濟標準一般為每人每日一升米和十文錢，對八十歲以上的居養老人還有額外補助，另給大米及柴錢；九十歲以上老人每日有醬菜錢二十文，夏天給布衣、冬季給棉衣。幫助老人家保障最基本的居有定所、不挨餓受凍，真心給宋朝福利措施一個讚。

蘇軾的健保福利

宋朝收養和治療孤苦貧困病人的機構是「安濟坊」。歷史上最早的福利醫院由蘇軾創立。蘇軾因黨爭之故無法在中央政府施展抱負，遂於知杭州時將致君堯舜上、再使風俗淳的理念推行於民間，展開一連串社會福利措施，這些政策很受到當地百姓好評，蘇軾的友人、學生也跟隨仿效，使更多百姓得以受惠。蘇軾因此在全國各地成就了大文豪以外的好名聲。

元祐年間，「蘇文忠公知杭州，以私帑金五十兩助官緡，於城中置病坊一所，名安樂，以僧主之，三年醫癒千人。」蘇軾設立安樂坊後又施藥給百姓。當時蘇軾研製出治療「風冷痰飲，癥癖痻瘧」的藥方，稱為「聖散子」，他說這道藥方「昔嘗覽千金方三建散雲：風冷痰飲，癥癖痻瘧，無所不治。而孫思邈特為著論，以為此方用藥節度，不近人情，至於救急，其驗特異。乃知神物效靈，不拘常制，至理開惑，智不能知。今僕所蓄聖散子，殆此類耶。」此藥乃透過研讀醫書製成，可救急又十分有療效。因體恤民情辛苦，這道藥方一服只要一錢，男女老少都可服用，平時空腹食用能增加食欲，病時服用可保性命無虞。

〈宋哲宗坐像〉

其後，病坊更名為「安濟坊」。崇寧元年，朝廷詔令全國各地遍置安濟坊，大觀四年又頒行安濟法：凡戶數達到千戶以上的城寨，均要設立安濟坊，有病或無依之人均可送入安濟坊收治。安濟坊還採取隔離政策，「宜以病人輕重而異室處之，以防漸染。又作廚舍，以為湯藥飲食人宿舍。」宋人的防疫和救治觀念便是依照病情輕重隔離病患，分別調整飲食和藥物，盡力確保百姓健康。

宋朝還在各州縣廣設施藥局、惠民局，類似官營的平價藥局，以低於市價的價錢出售藥品，或免費向貧病之人施藥。如建康府的惠民藥局，「四鋪發藥，應濟軍民，收本錢不取息」；又有和劑藥局，以市價的三分之二出售成藥。

文官的自請外放或遭遇謫遷怎麼看都是傷心事，然而他們在各地所施展的福利政策卻帶給廣大人民更上層樓的生活品質與美好人生，文人們固然遠離政治中心來到遙遠他鄉，然而這到底是悲是喜、是歡是愁呢？

街友也有保障

依照宋朝法律，國家福利救濟機構有義務要收養、賑濟流浪乞丐，以免他們饑寒交迫、貧病交加，橫死街頭。而乞丐們也有屬於他們的「行規」，若有懈怠則為眾人所

〈宋神宗坐像〉

不容。

神宗熙寧十年，朝廷頒發《惠養乞丐法》，並於次年開始實行。《惠養法》對乞丐的界定寬鬆，只要是不能依靠自己工作的人，均列入惠養範圍。按照惠養法的條款，每年十月入冬之後，各州政府必須「差官檢視內外老病貧乏不能自存者」，將其登記在冊後，每人一日「給米豆一升，小兒半之」，每三天發放一次，從十一月初一開始發放，到來年三月的最後一天。

哲宗元符元年，朝廷再頒行「居養法」，這比當初的「惠養法」有更詳細的規範。政府詔令各州設立居養院，「鰥寡孤獨貧乏不能自存者，以官屋居之，月給米豆，疾病者仍給醫藥。」居養院起初只是收養「鰥寡孤獨貧乏」者；到了徽宗時期，由於「在京遇冬寒，有乞丐人無衣赤露，往往倒於街衢」，而「居養院止居鰥寡孤獨不能自存之人」，惠不及流浪乞丐，所以徽宗於大觀元年閏十月下詔：「遇冬寒雨雪，有無衣服赤露人，並收入居養院，並依居養院法。」南宋時又廣設養濟院，紹興三年正月，高宗下詔要求臨安府的養濟院「將街市凍餒乞丐之人盡行依法收養」。可見養濟院的功能跟居養院類似，也收留流浪乞丐。

「惠養乞丐法」與「居養法」構成宋朝在寒冬時救濟無助街友的兩大體系，一是由政府給流浪乞丐發放米錢；一是由國家福利機構收留無處棲身的流浪乞丐。兩種制度都是依照季節性並且制度化，從農曆十一月初開始賑濟或收養，至隔年二月底或三月底結束賑濟。

政府助你安心生養

紹興八年，南宋政府頒布一道關於生產的福利政策：「州縣鄉村五等、坊郭七等以下貧乏之家，生男女不能養贍者，每人支免役寬剩錢四千。」也就是按照這家各戶的財富多寡分配，是否為貧困之家決定給付多少生產福利金，而這筆支出則來自「免役寬剩錢」，由地方政府負擔。

有了「胎養令」還不夠，政府仍然擔心貧戶無法順利安胎生產，因此陸續增加條款，依照各家情況補助金錢或稻米，讓百姓得以安心的生養孩子。遂而產生「舉子倉」：「逐州縣鄉村置舉子倉，遇民戶生產，人給米一石。」這些社會撫養費大致有三項來源：第一為官府田地租金的利息；第二為富人捐款；第三為常平倉撥款。「舉子倉」的社會福利金主要是來自地方政府主持，再由地方仕紳協助募資，可說是當時官方與民間合辦的公益基金會。

宋朝之前，歷代都有設義塚助葬貧民、流民之舉，但制度化的福利性公墓體系則是在宋朝才形成並且完備，此即「漏澤園」。漏澤園先是設於汴京，真宗年間，朝廷在「京畿近郊佛寺買地，以瘞死之無主者。瘞屍，一棺給錢六百，幼者半之」。到了神宗時，政府又正式下詔：「令逐縣度官不毛地三五頃，聽人安葬。無主者，官為瘞之；民願得錢者，官出錢貸之；每喪毋過二千，勿收息。」至此，各地政府都設立這種福利性公墓。

各個時代皆有生活無依無靠者，人心無助似乎只能自救，然面對生活無助的宋人卻有著政府的全力支援，生老病死都有福利照顧，政府包辦了一條龍的人生政策，也點燃了他們心中的溫暖與希望。

全民瘋足球

宋朝出現了職業運動員，不僅可以入選皇家競技隊伍，也受到民間的崇拜喜愛。蹴鞠（足球）、馬球、相撲是宋朝人十分熱愛的體育運動，皇帝們經常組織運動團體，和運動員們比賽、與百姓同樂。

宋太宗時有個球星叫張明，在河北定州任有軍職，和宋太宗是足球發燒友。張明的同事王榮既不體恤下情也不孝順父母，張明經常數落王榮真是個糟糕的傢伙。有一天王榮實在受不了了，覺得「你鬧夠沒啊，煩！」他的好友王斌知道後竟跑去誣告張明偷盜，此偷盜案經官方調查後發現並無憑據。宋太宗聽聞此事後大怒，張明一身風骨豈會毀於一時氣憤而行偷盜之事呢！他惦記著與張明共同蹋球的友誼遂信任其人品，還賞賜了張明一筆錢。

說到底，王榮和王斌根本就是笨蛋，竟然有膽子得罪皇上的足球好夥伴！

宋朝的蹴鞠迷有不同玩法（一）白打：純屬於娛樂性質，不設球門，以頭、肩、膝、腳頂球，表演性質強。（二）築球，《東京夢華錄》：「左右軍築球，殿前旋立球門，約高三丈許，雜彩結絡……左軍球頭蘇述……紅棉襖，餘皆捲腳襆頭……右軍球頭孟宣……皆青錦衣。」

當時有不少足球社團，齊雲社、打球社、蹴鞠社。最有名者為齊雲社，民間稱之為圓社。齊雲社工作內容有招生、教學、切磋、制訂比賽章程、檢定球員等級，每年舉辦一次全國性大賽：山丘正賽。

比賽辦法：

1. 參賽隊伍需繳報名費：香金（報名費）

2. 獲勝者：得到新的足球一顆！

3. 優良隊伍獎品：一面精神勝利錦旗！

此外，蹴鞠運動的普及也促進了商業活動的發達。汴京城東南角的勾欄瓦舍中，不僅有大量的蹴鞠表演藝人，也有不少專賣蹴鞠的皮匠舖。運動帶起的周邊商機，讓百姓從中提升不少生活樂趣！

職業大觀園

宋朝時出現不少有趣的職業，有的甚至初具現代職業雛形。在那高度文明的朝代，透過形形色色的職業，經濟發展狀況也可見其精采繽紛，社會發展程度超乎你我想像。

外賣發達

宅在家裡不想出門吃飯、加班時刻來不及吃、在這家餐館想吃另家餐館的食物……在宋朝都不是個事兒！因為外送服務在宋朝就已經出現了。〈清明上河圖〉中有一酒家外就出現了外賣小哥，左手拿著兩個碗，右手和腰間拿著類似於筷子的東西。

《東京夢華錄》記載，宋朝的白領、商人和我們現代人一樣，下班了也不一定下廚，「市井經紀之家，往往只買於市店旋買飲食，不置家菜蔬。」親戚來訪、菜色不夠、想吃點心花樣菜

〈清明上河圖中〉外賣小哥

式，外賣小哥來幫忙，當你享受著酒家的外賣服務時，酒家老闆也是外賣受益者。不只市井之中的人喜歡點外賣，連當朝皇帝也抵擋不住點外賣的誘惑，宮廷中的玉盤珍饈吃久了，想偷偷吃些民間美食也是難免。宋孝宗在隆興年間的一次觀燈節，入夜之後叫了夜市的「南瓦張家圓子」和「李婆婆魚羹」送進宮來，小費給得十分豪邁，「直一貫者，犒之二貫。」這足夠一般人家日常多少開銷啊！

工人的逆襲

北宋時期出現世界歷史上最早的製造工廠和加工工廠，如造船廠、火器廠、造紙廠、印刷廠、織布廠、各地官窯，綾錦院織工達到四百餘人。除了國營工廠外，私營工廠也相繼出現與繁榮。在諸多工業的興起當中，活字排版的改良可說是一個由平凡工人所書寫的逆襲故事。

活字印刷術改良者畢昇，他一開始只是印刷舖的普通工人，負責手工印刷，過著每天上班下班的穩定生活，日子有些無聊但還過得去。有一天畢昇在和兒子們玩文字遊戲時忽然深感苦惱，因為要不停挑字、選字才排出正確文句實在麻煩，此時他靈光一閃，發現字體印刷方式應有所不同才對，於是他利用平日研究印書技術，改良活字排版印刷術，並在十三世紀至十九世紀，促使活字印刷術傳遍了世界，畢昇也成為印刷術上偉大的發明家。

也因為活字排版的發達和普遍，宋朝的科舉制度和印刷制度更加完善，讀書人多了、識字的人多了，文化層次自然更上一層樓。這是過去的唐朝遠不能及之處！

八卦小報是市井小民最愛

西漢，出現世界上最古老的報紙《邸報》。《邸報》是官方報紙，主要提供給官員閱讀。漢代各郡都在京城長安設辦事機構，當時稱為「邸」，類似今天的地方政府，負責搜集朝廷各種資訊傳給太守。這些資訊就寫在竹簡、布帛上。

宋太宗年間，《邸報》發行早已有了規模，《邸報》又稱邸抄、朝報、狀報、除目；宋初各地設「進奏院」，辦公地點則在首都汴京。全國兩百五十多個州，設置在汴京的進奏院多達兩百個。太宗朝太平興國六年，中央設立「都進奏院」並直屬門下省，進奏院職責之一就是將朝廷「政事施設、號令賞罰、書詔章表、辭見朝謝、差除注擬」類新聞，分類擬成條目，統一發行，「播告四方」，這就是宋朝《邸報》的發行經過。《宋史》、《朝野類要》記錄，凡是關於軍機、邊情、災異、兵變等重要消息，不准上報紙。因此《邸報》不是公開發行，只有一定級別的官員，才有閱讀權。

反正百姓也不會想看。

宋真宗時期，民間報紙「小報」也出現了，私辦報紙除手抄外，還有印刷版，稱為「小報」，偶爾也稱「新聞」。為了刺激銷售量，假新聞、假聖旨、假奏章不時出現。那些進奏官、邸吏、使臣、中下級官員、坊間書商往往搶先一步，把朝廷尚未發布或不宜於公開的政務動態、名人緋聞刊印發售。且宋朝小報老闆們已經懂得狗仔滿天下以取得新聞的道理，他們找了一大批狗仔隊定時蹲點以採集各類新聞：「內探」專門找太監宮女打聽皇帝和妃子之間的情感糾結；「省探」負責到朝中各部打聽官員任免情況、是否受賄，貪了多少、有沒有養小老婆，在哪兒有相好的女子；「衙探」便是到各衙門監獄大牢打探凶殺案、神秘殺人事件的最新進展。這些八卦新聞，百姓愛得不得了！

宋朝小報之所以發達，因為市民商業經濟發達，訂閱的人很多，所以小報成為可以經營維生的行業。雖然一開始只是純粹的記錄和打聽朝廷中事，但後來不可避免的走向刺探各大名人隱私一路，所以當時人就有要禁「小報」的聲音，當然都只是些士大夫們。

因為士大夫一天到晚寫文章抗議：「我的隱私呢，我的人權呢！」政府被吵得受不

〈宋真宗坐像〉

了，於是經常查禁小報，但人心就是這樣：「你越禁，我越起勁」，因此小報不僅沒有死亡，反而活得更加生氣蓬勃，小報老闆口袋賺滿滿！

《靖康要錄》：「凌晨有賣朝報者。」小報上的大小新聞通常會火速在百姓之間流傳，成為茶餘飯後的談資內容。所以小報雖然不合法，但依循著「人心喜歡偷窺與八卦」緣故，小報名正言順的普遍在社會中。

在宋朝吃早餐配八卦，是人生一大享受。

快遞超便利

有了小報，還得有派報員！官方報紙由全國發行並透過驛站傳送，成了快遞業的雛形，也因此產生了大量的快遞小哥。而驛遞按傳送的速度又分為「步遞、馬遞、急腳遞、水運遞」。這時，官方的快遞小哥可就不如地方小報派報員輕鬆，畢竟這是官方報導，得準時送達各衙門手中才行。

（一）急腳遞：基本上只用於軍事上，最快日行五百里左右。

（二）金字牌急腳遞：使用紅漆黃金字的木牌，見到的行人必須立刻閃躲。如遇軍事前線需要緊急處置的機密事項，則由御前直接發出金字牌。

宋朝版小巨蛋

宋人注重精神享受，因此娛樂產業十分繁榮。宋朝的勾欄瓦舍一向是百姓從早玩到晚的好去處，魔術、說書、相命、唱曲兒……花樣多得數不清，最大的場所能容納千人觀看表演，堪稱宋朝版小巨蛋。

單看當代文藝青年喜愛的種類吧！雜劇、傀儡戲、影戲、雜技、散耍、說史書、講故事、談經、學鄉談、談諢話、舞番曲、諸宮調、鼓子詞、唱賺、賣嘌唱，百戲……這些在勾欄瓦舍中的藝人們各個身懷絕技，提供數不盡的娛樂供人同歡。

當時的歌手喜歡演唱各大文人的絕妙好詞，而柳永的作品始終在排行榜上不曾退燒。柳永根本就是個徹頭徹尾的娛樂憂傷雙重人格明星！他出身官宦卻只能當個白衣卿相，他寫慢詞、長調，為出身悲涼的歌妓們寫下心路歷程；他的詞被民間廣泛傳唱，有井水處就有人歌唱他的詞作，走紅程度非同小可。可惜他的作品卻不被當時的主流所接受。如此才華橫溢的他，到頭來只是個草根性十足、「偶失龍頭望」的悲劇人物。所幸，他的詞至今仍被後世喜愛且傳唱，這位只能「淺斟低唱」的詞人兼明星也應感到寬慰了。

消防員

「潛火隊」是宋代的消防兵，擁有當時世界上最先進的消防裝備：防毒面具、防火背心、雲梯、水囊等，形成了一套完備的消防制度。潛火隊趕往火災現場時，就像現代的消防車、救護車一樣，大家都得讓道。「每偶有遺火去處，則有馬車奔報軍廂主、馬步軍殿前三衙、開封府，各領軍級撲滅，不勞百姓。」意思是一旦遇到失火，必須一層層上報救火，過程中完全不需驚動百姓。如果潛火兵在救火過程中受傷，則由政府負責治療並給予獎賞。潛火兵用生命換來的薪水也頗為豐厚，消防器材由官府購置、保養、增補、更新，這真是挺不錯

〈清明上河圖〉望火樓

的待遇！

張擇端的〈清明上河圖〉中也有消防員的身影，他藉由這幅圖描繪出汴京城內的人情百態，充滿市井風情的小滋小味，讓後世一窺當代風華。圖中的人們都不是豪門顯貴，他們是如同你我一般的小人物，過著簡單的日常生活。小販、農民、商人、漁夫、各行各業的人們在畫中流動，形成一道精采萬分的宋朝風景。而這迷人的風情，卻是由平凡的小老百姓攜手構成，小人物成就的大宋，更令人心嚮往之！

重女輕男成家專案

冠婚之事為嘉禮。《禮記．昏義》中記載：「昏禮者，將合二姓之好，上以事宗廟，而下以繼後世也，故君子重之。」婚禮作為傳統五禮的要事，是人們重視關注的焦點。古代婚禮通常有「六禮，即納采、問名、納吉、納徵、請期、親迎」六個環節，基本上遵循這一形制，在不同朝代、不同時期有相應的調整。

小而美的婚禮

宋朝婚禮同樣按照六禮的儀式，但是隨著社會發展，婚俗禮儀出現獨有的「庶人婚禮」。上層階級仍然沿用古之六禮，市民階層則將其簡化成為納采、納幣、親迎三個部分。這樣的習俗變化，證明宋朝市民階層的意識已經壯大到足以影響傳統的文化禮制，促使繁瑣隆重的儀式轉變為簡單又隆重的庶民婚禮。

但是，重點還是要有「錢」！宋朝政府和宗族多設有慈善設施和提供婚嫁資金，用於幫助小資族完成婚嫁，只要拿出相關證明向宗族或在地政府申請，即可獲得一份準備金，大宋福利真美好！除此以外，宋朝還相當保護女性的婚姻權益，雖說有理學家如程頤提出「餓死事極小，失節事極大」一語；司馬光也說「夫天也，妻地也」，但他們卻不反對離婚一事。程頤說「出妻令其可嫁」、司馬光也認為「夫婦以義合，義絕則離。」在宋朝，社會輿論是理學或極為傳統的儒家思想無法全然操縱的。因此女性在當時仍享有相對自由的離婚改嫁權，好比范仲淹的母親謝氏、王安石的兒媳龐氏、趙明誠的遺孀李清照都曾有過第二段婚姻。而母親改嫁後，兒女依然要履行孝敬義務，否則將會被輿論譴責！宋仁宗的副宰相吳育因為弟弟去世卻未讓弟媳改嫁，還受到御史唐介的彈劾。由此可知，宋人對待女性的態度是十分親切又人性化。

嫁妝是沉重負擔

宋朝法律保護已婚婦女的私人財產，丈夫或公婆都不可私吞女方帶來的嫁妝。《宋朝事實類苑》說若寡婦改嫁，可以將嫁妝帶走，且夫家不得干預；《袁氏世範》：「作妻名置產，身死而妻改嫁，舉之自隨者多矣。」丈夫亡故之後妻子改嫁也是合於情理之事。

此外，宋朝的士大夫階級希望通過嫁妝締結良好關係，也就是文人集團之間的互動，可以更加鞏固。因此，娘家常用豐厚的嫁妝來維繫兩個家族之間的關係。

說到嫁妝，在宋朝無論是富裕人家還是普通人家，如果沒有早早給女兒置辦嫁妝，等她到了適婚年齡時將會乏人問津，那可就天怒人怨了！

而這些女性福利以及重視女性的精神是由誰逐步推展並發揚光大的呢？那便是小范老子、范仲淹！他在朝中獲得一定的成就之後決定回饋宗族，凡是阿姨、嬸嬸、表姊、堂姐、叔叔、大爺、堂叔、堂伯、哥哥……總之整個家族總動員，范仲淹全包了！此後家族裡不管誰家辦紅白喜事，都是由他創辦的基金會「范氏義莊」出錢資助。

不僅如此，小范老子根本是個重女輕男的漢子，擔心女孩們嫁到婆家吃了悶虧又沒私房錢可花用，著實可憐。於是在初訂《義莊規矩》時規定：「嫁女支錢三十貫，再嫁二十貫；娶婦支錢二十貫，再娶不支。」也就是嫁女兒的人家可以拿到的補助比娶媳婦兒的人家還要多。此外他還定了這樣一條規矩：男方娶親，聘金按二十貫的標準；女子出嫁，嫁妝按三十貫的標準置辦。很明顯的，給女孩辦嫁妝要比給男孩給聘金的負擔重。不僅范仲淹如此，整個宋朝均秉持「重女輕男」的婚嫁標準，聘金或嫁妝金額高低當然是因各人貧富而異，但這條規則卻苦了兩袖清風的蘇轍，他可是經歷了一段幾乎傾家蕩產的嫁女過程啊！

范仲淹

宋徽宗初年，蘇轍的女兒出嫁，蘇轍賣掉河南新鄉購置的良田，從中拿出「九千四百緡」，讓女兒帶進婆家。「九千四百緡」就是九千四百貫，雖說這已是北宋後期，通貨膨脹加上貨幣貶值，但是一貫相當於現在的三百塊錢。那麼九千四百貫相當於現在多少錢呢？大約是新台幣兩百八十二萬元！

在「重女輕男成家專案」中，蘇轍雖贏得了面子，卻在日記裡寫到自己「破家嫁女」的小小喜悅與心酸。

婚嫁流程

納采問名

決定結親之前，男方會遣媒人前往女方家，女方回應之後，再請媒人正式向女家納「采擇之禮」。通常納采禮都是用大雁，因其春去秋回被當作守信的象徵，古人也會用大雁作為忠貞不渝的信物。父母之命、媒妁之言還是重要的環節：「媒氏曰：吾子將修好於某，某獲預將事，敢請納采。主人曰：某之子弗閑（嫻）於姆訓，敢不拜嘉？」得到女方家長回應後，開始詢問女子名字，以便男方占卜婚禮時間，「主人以函書授媒氏（稱某第幾女，年若干）」。婚姻是終身大事，問清楚對方的祖宗十八代總是心安一些。

宋朝的婚嫁禮俗，兩家互換草帖之後再交換定帖。在汴京，交換定帖之後有「相媳婦」習俗。《東京夢華錄．娶婦》：「若相媳婦，即男子新人或婆往女家。看中，即以釵子插冠中，謂之插釵子；或不入意，即留一兩端彩緞，與之壓驚，即此親不諧矣」。

這個過程只有男方知曉並暗中進行一切，根本是殘酷的相親舞臺啊！

納吉

文定後，男方納采問名之後占卜好吉時，備好禮物，由媒人前往告知女方。如納采問名時一樣，男方也要備大雁為禮。

納徵請期

宋朝將古禮中的納徵與請期合併。男方備好聘禮，媒人攜帶文書，內容註明禮物的數量，將聘金及聘禮送到女方家中，並且正式敲定吉日。完成納徵以及請期的儀式後，婚約便正式成立。

親迎

催妝：親迎前三日，男方家向女方家送催妝禮品，是親迎的信號。

鋪房：女方家將新房家具等等送往男方家，請有福之人鋪設臥房，把新房布置妥善，寄託百年好合之意。

迎親

婚禮當日，新郎與媒人、親友一同在定好的吉時前往女方家迎娶新娘。

民間婚嫁詩歌

撒帳歌

「帳」有「百子帳」含義。在婚禮中將果子撒向新人，寓意「得子」，在唐朝撒帳多用錢幣，發展到宋朝還增加了果子，《東京夢華錄》記載：「男女各爭先後，對拜畢就床，女向左男向右坐。婦女以金錢、彩果散擲，謂之撒帳。」撒帳歌則是撒帳人伴隨動作歌唱的詞句，皆是祝願之語，同樣具有一定的文學價值。婚禮中需唱「撒帳歌」，這根本是現代婚禮歌手的先驅！

《事林廣記》中也有撒帳歌的記載：「撒帳東，宛如神女下巫峰，簇擁仙郎來鳳帳，紅雲接起一重重。撒帳西，錦帶流蘇四角垂，揭開便見嫦娥面，好與仙郎折一枝。撒帳南，好合情懷樂且耽，涼月好風庭戶爽，雙雙繡帶佩宜男。撒帳北，津津一點眉間色，芙蓉帳暖度春宵，月娥喜遇蟾宮。」

《事林廣記》

綺席詩

綺席詩指在新婚儀式中表達幸福美滿的詩歌，在整個婚禮的進程中有不同的詩歌，其中包括討要利市的詩、攔門詩、開門詩等等，詩歌多用祝願討喜的詞句，也因為歌謠傳唱於市井之中，用詞也較為通俗易懂。

討要利市

見紅見紅，討喜來了！

《夢粱錄》稱：「迎至男家門首，時辰將正，樂官、妓女及茶酒等人互念詩詞，攔門求利市錢紅。」可見宋朝婚禮中已出現類似於現代婚禮中向新人索取紅包討吉利的活動。

伴郎的闖關：攔門詩與開門詩

婚俗活動中有「攔門」的風俗。宋話本《花燈轎蓮女成佛記》寫道，新人到夫家門前，時辰到了，司公念攔門詩賦：「喜氣盈門，歡聲透戶，珠簾繡幕低。攔門接次，只好念新詩。紅光射銀臺畫燭，氤氳香噴金猊。料此會，前生姻眷，今日會佳期……」原來早在宋朝就有今日伴郎闖關、伴娘把關的迎娶小遊戲啦！

攔門詩

「仙娥縹緲下人寰，咫尺榮歸洞府間。今日門闌多喜色，花箱利市不須慳。」

又攔門詩

「絳綃銀燭擁嫦娥，見說青蚨辦得多。錦繡鋪陳千百貫，便同蕭史上鸞坡。」

答攔門詩

「從來君子不懷金，此意追尋意轉深。欲望諸親聊闊略，毋煩介紹久勞心。」

在婚禮流程中入洞房是一項重要的活動，因此也有專門的「開門詩」。

請開門詩

「雲鎖巫山萬里深，銅壺聲悄夜沉沉。朱門掩卻渾閒事，恐負仙娥久望心。」

「月宮仙子下蘭房，眼約心期待玉郎。及至洞房門又閉，不知誰是鐵心腸。」

開門後詩

「入到蘭房別是天，鳳幃今夜會神仙。床中坦腹真佳婿，那更嫦娥正少年。」

從攔門到又攔門、答攔門，請開門再至開門後，可以看見新人從迎娶到入洞房的一系列寫照。節奏活潑歡快的婚禮詩歌為儀式增添不同的樂趣，從中可以感受到當時人們內心愉悅的情感。而這些闖門、開門、攔門的詩歌，看來就是現代婚禮中闖關遊戲的老祖宗了。

宋朝女子美妝術

在唐朝，女子化妝的順序通常為：一敷鉛粉，二抹胭脂，三畫黛眉，四貼花鈿，五鈿面靨，六描斜紅，七塗唇脂。宋代步驟相似，「尚白」是最重要的視覺美感，而鉛粉色澤潔白，質地細膩，則是宋朝女性最主要的化妝品。

化妝前，好好保養肌膚是極重要的工作！自唐朝武則天開始流行起「神仙玉女粉」，《新唐書》說：「雖春秋高，善自塗澤，雖左右不悟其衰。」意思是武則天雖然年紀很大了，但因為熱愛保養的關係，所以旁人根本不覺得她有半分膚況不佳或是容顏憔悴。

「神仙玉女粉」製作方式並不困難：五月初五采「益母草」全草，不能帶土。曬乾後搗成細粉過篩，然後加麵粉和水，調好後，捏成如雞蛋大藥團，再曬乾。用黃泥做一爐子，四旁開竅，上下放木炭，藥團放中間。大火燒一頓飯時間後，改用文火再燒一晝夜，取出涼透，細研，過篩，放入乾燥的瓷皿中。用時加十分之一的滑石粉，百分之一的胭脂，調勻，研細，沐浴或洗面、洗手時，用藥末擦洗。

益母草又名茺蔚，是天然的美容良藥，據《本草拾遺》記載：「入面藥，令人光澤，治粉刺。」此方的調製，要求端午節收采全株益母草，不能稍帶泥土，否則無效；煆制時切忌火力過猛，否則藥變黃黑，用之無效。古人對研錘也十分講究，認為以玉錘為佳，鹿角錘次之，看來似乎玄妙，其實不無道理，因為玉與鹿角均有潤澤肌膚、除顚滅瘢的作用，研磨時難免有少量落下，配入藥中，正好起協同作用。

到了宋朝，女性則在這樣的基礎配方上再添加石膏粉、滑石粉、蚌粉，睡前塗抹，讓肌膚細緻光滑白拋拋。

一、立體小臉術

每位女子對待化妝自有一套撇步，但瘦小臉大概是共同追求的目標。宋朝女子的小臉化妝術稱之為「三白」。三白指的是額頭、下巴、鼻梁，用鉛粉「打亮」、著重塗白於這三處就可以讓臉部顯得立體。看來宋朝女子也很清楚知道要凸顯五官特色的小技巧，打亮就對了！

宋仁宗曹皇后與身邊婢女。可從兩側婢女臉上妝容看出三白以及倒暈妝。

二、美妝達人大推的檀暈妝

「婦人本質，為白最難。」宋朝女子們喜好用鉛粉保持皮膚白皙，而使用白色系的妝粉搭配紅色系胭脂化妝則更顯風韻。宋人偏愛的「檀暈妝」：化妝前混合鉛粉和胭脂，使粉末變成檀紅色後，直接塗於臉頰上。這樣一來，面頰顯得白裡透紅，皮膚彈性澎潤，蘋果肌自然呈現！

三、精準拿捏的倒暈妝

宋朝時出現了別具一格的妝容。宋欽宗的朱皇后畫像上，兩頰和額間都裝飾著珍珠，有別於普通的花鈿和額黃。

宋仁宗曹皇后身邊婢女臉上的倒暈妝，是當時最時尚的眉毛妝容：「倒暈眉」，從皇后和侍女的畫像上都可以看到。這種化妝法眉形相當特別，首先眉毛必須修成寬闊的月牙形，在眉毛上方或者下方先用淺色暈染，眉毛中段顏色最深、再慢慢由深至淺逐漸向外暈染擴散，使眉毛看起來有種天然奔放的美感！

四、梅花妝

除了白裡透紅的肌膚、好看的眉形以外，「額黃」更有畫龍點睛的作用。化法是用黃色顏料燃畫在額間，形狀多變，任憑女子喜好，多見為星月花鳥。與額黃相似的「花鈿」，又稱壽陽妝、梅花妝、貼花子，起源於宋武帝之女壽陽公主。據說某年正月初七，壽陽公主仰臥於含章殿下，清風徐來，梅花剛好落在她的額上拂之不去，自此便產生了「梅花妝」，蔚為風尚，也在宋朝颳起了一陣梅花妝旋風。

香水是最愛

透過海上絲路貿易，宋朝湧入了大量有別於中土的新鮮事物。「花水」便是其中一樣，進而影響宋代女性的美妝習慣。隨著香水的產生和逐漸普及，特別是「薔薇花水」最受到女性的喜愛，當時品質最優良的薔薇花水進口自大食國（阿拉伯帝國）。

我們可以從當時的文學創作看到女性使用香水的姿態，〈風入松〉：「薔薇水蘸檀心紫，郁金薰染濃香。萼綠輕移雲襪，華清低舞霓裳。」〈廣東漕王僑卿寄薔薇露因用韻〉：「美人曉鏡玉妝臺，仙掌承來傅粉腮。瑩徹琉璃瓶外影，聞香不待蠟封開。」在鏡前上粉、聞著薔薇花水的氣息。美人的化妝姿態被勾勒得如此美好。

宋人最喜愛的一款香水，是從薔薇花中提煉出來的。這款香水為什麼如此迷人呢？據說是因為香氣久久不散，使人心情愉悅。「異域薔薇花氣馨烈非常，故大食國薔薇

〈梅花仕女圖〉

水雖貯琉璃缶中，蠟密封其外，然香猶透徹，聞數十步，灑著人衣袂，經十數日不歇也。」濃烈的氣味即使存放於琉璃罐中還用蠟加以封存，灑在衣服上依然可以持續數十日。在沒有化學添加物的年代，多日不退的香味是多麼令人著迷的事。

眼看著來自大食的薔薇花水如此受到歡迎，宋人當然也想模仿一番，自產自銷，可惜品質總不及進口貨來得好。

趙汝適《諸蕃志》：「薔薇水，大食國花露也。五代時，番使蒲訶散以十五瓶效貢，厥後罕有至者。今多采花浸水，蒸取其液以代焉。其水多偽雜，以琉璃瓶試之，翻搖數四，其泡周上下者為真。其花與中國薔薇不同。」

看來是薔薇的種類和水質出了問題？

經過幾次失敗的經驗，宋人開始改良香水配方，他們採用「朱欒」再加上其他香料並以高溫蒸餾，取其蒸餾液之後，發現氣味清新又別有風味，絲毫不遜於薔薇花水。張世南《遊宦紀聞》：「永嘉之柑，為天下冠，有一種名朱欒，花比柑橘，其香絕勝。以棧香或降真香作片，錫為小甑，實花一重、香骨一重，常使花多於香，竅甑之傍，以泄汗液，以器貯之。畢，則撤甑去花，以液漬香。明日再蒸，凡三四易花。曝乾，置磁器中密封，其香最佳。」「花比柑橘，其香絕勝」，看來宋人生產的是我們現在所說的「果香調」的香水，和薔薇花水的「花香調」有著不同風情，也因此多了不同的香氛選擇。

當然，宋朝女子的精緻生活豈止於香水，她們的妝容也不比現代遜色絲毫！

美甲的必要

宋朝女性熱中於美甲，她們搗碎鳳仙花後再加入明礬，連染三四次就可以「色若胭脂，洗滌不去」。周密的《癸辛雜識續集》介紹宋人美甲的方法，美甲材料天然，顏色鮮豔：「鳳仙花紅者用葉搗碎，入明礬少許在內，先洗淨指甲，然後以此敷甲上，用片帛纏定過夜。初染色淡，連染三五次，其色若胭脂，洗滌不去，可經旬，直至退甲，方漸去之。或云此亦守宮之法，非也。今老婦人七八旬者亦染甲。」這種美甲風氣不限於年輕女子，就連老太太們也愛上染紅指甲。

宋朝女子的各式妝奩中，裝著琳琅滿目的粉底、胭脂、眉墨、香水、美甲材料等好物，讓女孩兒們隨時保持明豔動人，靠著化妝術成為凍齡美魔女完全不是問題。

每位女性的柔美和婉約動人，在細微之處更見用心。她們的臉龐、姿態就如同一幅幅精心工筆之畫，細膩精緻，盡顯風情萬種！
女子化妝術，妝點出溫柔的大宋。

第三章

宋朝食在有意思

吃貨的美食天堂

宋朝的飲食文化傳承前代並發展創新、飲食種類繁多，到了後期又結合大江南北的特色菜餚，再加上廚師們在烹調手法上的顛覆創意，成就了舌尖上的大宋美食。

好比酷嗜河豚的蘇軾，他為了吃河豚不但有著不怕死的大無畏精神，還為河豚寫過詩：「竹外桃花三兩枝，春江水暖鴨先知。蔞蒿滿地蘆芽短，正是河豚欲上時。」

《示兒編》卷十七記載了蘇軾與河豚之間的小故事：「東坡居常州，頗嗜河豚，而里中士大夫家有妙於烹是魚者，招東坡享之。婦子傾室闖於屏間，冀一語品題。東坡下箸大嚼，寂如喑者，闖者失望相顧，東坡忽下箸云：也值一死。於是合舍大悅。」蘇軾在常州時，有位相熟的文人特別做了河豚料理款待他。這一家人很妙，竟然全家老小都躲在屏風後面偷看蘇軾吃河豚，一定是希望他幫這道料理按個讚，最好寫篇文章稱讚其人間美味。誰料蘇軾大啖一頓後霎時悄然無聲，全家望著坡哥的背影，那沉靜的幾秒鐘是如此漫長……

正當大家在屏風後面感到失望又不知所措時，坡哥忽然放下筷子，大喊道：「吃了也值得死一回了！」躲在屏風後的一家人頓時歡聲雷動。這道料理到底多好吃，讓坡哥寧死也值得，看來只有他自己知道了。

宋朝市面上的美食價位相當親民，《東京夢華錄》記載：「吾輩入店，則用一等玻璃淺碗，謂之碧碗，亦謂之造羹，菜蔬精細，謂之造，每碗十文。」不需要花費太多錢就可以在宋朝餐廳飽餐一頓。〈清明上河圖〉便是一幅大宋美食圖，畫中經營餐飲業的店鋪有四五十棟，還有走街串巷「盤賣」食品的小商販，以及一些路邊攤。這些食店都分布在汴河岸邊、碼頭與路邊，陳設很簡單，在低矮的瓦房中擺幾張桌椅就可以營業，讓來往各地的腳夫、船夫、縴夫、車夫、小商販，滿足口腹之欲。

這些小攤販價格實惠、菜式也多樣化。《夢粱錄》記載：「專賣家常飯食，如攛肉羹、骨頭羹、蹄子清羹、魚辣羹、雞羹、耍魚辣羹、豬大骨清羹、雜合羹、南北羹、兼賣蝴蝶麵、煎肉、大麩蝦，及有煎肉、煎肝、凍魚、凍鮝、凍肉、煎鴨子、煎鱭魚、醋鮝等下飯。更有專賣血臟麵、齏肉菜麵、筍淘麵、素骨頭麵、麩筍素羹飯。又有賣菜羹飯店，兼賣煎豆腐、煎魚、煎鮝、燒菜、煎茄子，此等店肆乃下等人求食粗飽，往而市之矣。」幹粗活的人們到這兒來可以吃一頓粗飽，便宜又大碗！

「市食點心，四時皆有，任便索喚，不誤主顧。且如蒸作麵行賣四色饅頭，細餡大包子，賣米薄皮春繭、生餡饅頭、餣子、笑靨兒、金銀炙焦、牡丹餅、雜色煎花饅頭、棗箍、荷葉餅、芙蓉餅……就門供賣，可以應倉卒之需。」肚子餓又趕時間的時候不用擔心，四季不間斷的市食點心可以滿足眾人的需求。

除了固定擺攤的小吃鋪，還有許多流動小吃攤，也就是「盤賣飲食」，在大街上會看到小販的頭上、肩上頂著裝食物的盤子或盒子，一隻手扶著，另一隻手拿著活動支架。將支架撐開後放在街邊，再將食盤或食盒放在支架上，現成的路邊攤大功告成！「大街有車擔設浮鋪，點茶湯以便遊觀之人」這些攤販會跟隨著熱鬧的活動到處跑，讓出門玩樂的人們走到哪裡吃到哪裡，「又有沿街頭盤叫賣薑豉、膘皮子、炙椒、酸兒、羊脂韭餅、糟羊蹄、糟蟹，又有擔架子賣香辣罐肺、香辣素粉羹、臘肉、細粉科頭、薑蝦、海蜇鮓、清汁田螺羹、羊血湯……」要吃羊肉、豬肉、螃蟹、羹湯應有盡有，宋朝的路邊攤美食非常豐富，一點都不馬虎！

酒樓的餐桌上，飯後奉上水果也是標準流程，「凡酒店中不問何人，止兩人對坐飲酒，亦須同注碗一副，盤盞兩副，果菜碟各五片，水菜碗三五只」、「其果子菜蔬，無非精潔」，一般小型飯店也都供應水果。而且宋人在夏天吃水果，還特別講究冰鎮：

〈清明上河圖〉小吃店

「房青子碧甘剝鮮，藕白條翠冰堆盆。嚼之清泠醒醉魂，猶可招邀慰文園。」吃完正餐還得加上飯後水果，宋人飲食基本配備！

無法離開冷飲的宋人

宋朝重視夏天防暑，遂成立「冰井務」專門負責製造解暑降溫的冰品，皇帝每到夏日就賞賜給大臣們解暑，而尋常百姓就是前往各處的冰飲小販買冷飲解渴；此外，宋朝人特別講究避暑良方，搧扇子、沐浴啊都是夏日必備！

宋朝的飲料叫做湯、熟水，熟水類似廣式涼茶；湯品則是果汁飲料。宋筆記《事林廣記》中記錄製作果汁飲料的湯方：先將花果鹽醃、曬乾、烘焙、碾成細粉，然後裝入器皿密封儲存，飲用時再取出若干沖泡成飲料，接著做成冷飲。

宋人的冷飲，要嘛需要冰鎮、要嘛得跟冰塊混合、要嘛直接泡到冰水裡頭去，總之宋人不能沒有冰！有了飲料之後，加上冰塊的冷飲便成了宋人心中的愛。這「冷飲」偏向中藥飲、花果茶，而不是酒類。好比〈清明上河圖〉中的「香飲子」指的就是一般冷飲。

宋朝人用什麼方法製冰呢？他們不製冰，只藏冰。換句話說，製造冷飲時用的不是人造冰而是天然冰。他們使用的冷凍設備是「冰鑒」，其實就是雙層的木桶，下層有基座、上面有蓋、中有夾層，把冰塊放到夾層中，蓋上蓋子後，冰塊不會那麼容易融化。當然冰鑒並不是宋朝人發明的，早在春秋戰國就有製作精良、外觀也十分好看的青銅製冰鑒。但青銅是金屬，熱傳遞較快就會導致夾層中的冰塊融化，宋人改用木製冰鑒代替青銅冰鑒，造價低、保溫效果好，又是一項進步的生活用品改良術。這項技法一直到清朝都還在使用，可謂飲食界的傳世之寶。

每年臘月河水結冰時，宋人把冰塊鑿下來，運到存放冰塊的地下冰窖裡並密封嚴實，等到來年夏天再一塊塊地運出，可以在家輕鬆享受冷飲時光，或者賣給專門販賣冷飲的小販和商家。小販在外販賣涼茶時，少不得要帶著冰鑒到處跑，容易肩膀僵硬、感到勞累，所以固定擺攤賣冷飲是一個聰明的辦法。夏日炎炎，喝上一碗宋人喜愛的冰雪甘草湯、雪泡梅花茶，肯定暑熱全消！

《東京夢華錄》記載，宋朝都城多見「當街列床凳，堆垛冰雪」，以及販賣「冰雪甘草湯」、「冰雪冷元子」、「冰雪涼水」、「冰雪」等小販，還有類似於霜淇淋的冰

〈清明上河圖〉香飲子

酪。楊萬里說：「似膩還成爽，如凝又似飄。玉來盤底碎，雪向日冰消。」宋人將果汁和奶汁放入冰塊，製成冰酪；更有一說，霜淇淋早在宋朝就出現了！周密《武林舊事》〈都人避暑〉中記載「冰雪爽口之物」，據推測就是霜淇淋啦！

開封府附近有三家大型冷飲店，一家位於朱雀門外的「曹家從食」，另外兩家位於舊宋門外，店名失考。這三家店除了賣從食以外都賣「冷飲」！舉凡冰雪、涼漿、甘草湯、藥木瓜、水木瓜、涼水荔枝膏……只要上門就可以買到，十分便利。

周密《武林舊事》、吳自牧《夢粱錄》和西湖老人《西湖老人繁勝錄》記載宋朝的解暑冷飲料。有雪泡豆兒水、漉梨漿、薑蜜水、木瓜汁、沉香水、荔枝膏水、苦水、金橘團、雪泡縮脾飲、香薷飲、紫蘇飲、白醪涼水、皂兒水、甘豆糖、綠豆水、縮脾飲、鹵梅水、江茶水、五苓散、大順散、荔枝膏、雪泡梅花酒、富家散暑藥冰水等等，花樣很多，超級誘人！

別小看宋人對冰的執著和創新冰品開發，據說宋朝就已經有冰棒了！宋朝的「冰雪」即類似於現在的冰棒，人們在冬天用銅盆接水，水裡放糖，再放點果汁和果膠，然後端到外面使其結冰，等到整盆水都凍硬了以後再運到冰窖，來年夏天切割成小塊或者雕成小動物、圖騰造型，就可以在冷飲店出售。楊萬里的詩寫道：「北人冰雪作生涯，冰雪一窖活一家。」可見在宋朝賣冰棒的利潤相當豐厚，足以養活全家。

《宋史》第三百八十五卷記載，宋孝宗：「朕前飲冰水過多，忽暴下，幸即平復。」《本草綱目》也記載，宋徽宗「因食冰多而致脾病，國醫久治無效，召楊介診之。」皇帝吃太多冰拉肚子啦！

上至皇帝下至百姓都愛吃冰。大宋愛冰之心，日月可鑑。

麵食王國

宋朝的麵食品類眾多，當時管麵食叫「從食」，主要是餅類。《水滸傳》：「回些麵來打餅」，《東京夢華錄》記載：「武成王廟海州張家、皇建院前鄭家最盛，每家都有五十餘爐」，試想五十幾個爐子一起烙餅的畫面，顯見餅的數量之多以及銷量極佳！

宋人真的發自內心愛吃餅！《默記》就寫到名臣尹洙對餅的熱中。尹洙在洛陽時與好友歐陽脩、梅堯臣等人一起到嵩山玩耍，大家興高采烈玩到一半時，尹洙忽然幽幽感歎：「出來玩怎麼能少了帶上胡餅呢！」

眾人群起攻之：「遊玩貴在釋放心情、享受山水之樂，怎麼能扯到吃上頭啊！」尹洙不肯服輸又辯論不過，乾脆掐住自己的喉嚨說：「沒有胡餅，我不如死了算了！」大家看老頑童瘋成這樣，頓時啞口無言，不敢再與他爭論。

為了吃餅，一代名臣尹洙不惜把形象拋在九霄雲外。

宋人喜好麵食，因此「餅」、「麵」、「饅頭」種類多元，儼然是個麵食王國。單是汴京城內的餅店就分成好幾種類，有賣蒸餅、糖餅、裝合、引盤的油餅店；賣門油、菊花、寬焦、側厚、油碢、髓餅、新樣滿麻的胡餅店。裝合是盒裝的餅，寬焦也叫寬焦薄脆，是種薄脆的油炸食物，類似今日的薄餅。菊花是外型如菊花的麵食，油碢是油煎大餅，側厚是一般麵食，髓餅則是以髓脂、蜜和上麵之後再烘熟的餅。單是「餅」就有許多製作方法和食材，顯見宋朝對飲食的講究與發達。

甜進心坎裡

除了吃得好也要吃得巧，一食入魂，是一種渾然天成的生活品味。宋人皆是「甜黨」中人，而甜品也因宋朝蔗糖產業發達進入了追求奇巧、特色料理的領域。

宋人喜愛一味「糖蟹」，汴京名為「水晶皂兒」的甜品，是將皂莢子仁過水煮後再用糖水浸食；南宋時，樓鑰在《北行日錄》中記載，他北上行至樂城縣與新樂縣間，受邀去東館赴宴時，席間「茶飯中有沙糖、熊白。」南宋時的臨安一帶成為甜點之都，官府有四司六局，「蜜煎局」即專掌糖蜜花果、鹹酸勸酒之事。大街小巷中的葷素從食店、點心從食店、粉食店皆有諸多糖、蜜小食。食店所賣的蜜煎有「蜜金橘、蜜木瓜、蜜林檎、蜜金桃、蜜李子、蜜木彈、蜜橄欖、昌園梅、十香梅、蜜棖、蜜杏、瓏纏茶果」，加上

〈十八學士圖〉可看見桌上有許多甜點

沿街叫賣的「麻糖、鎚子糖、鼓兒餳、鐵麻糖、芝麻糖、小麻糖……豆兒黃糖、楊梅糖、荊芥糖」等，看到那麼多個「蜜」字，可想而知各色甜食著實「甜」滿了宋人的心和胃。

吃貨大佬蘇軾曾說：「予少嗜甘，日食蜜五合，嘗謂以蜜煎糖而食之可也。」將宋朝的「一合」換算成今日單位是二十毫升，也就是坡哥一天竟吃下一百毫升的蜜糖，螞蟻人無誤！陸游在成都夜飲時見席間「磊落金盤薦糖蟹，纖柔玉指破霜柑。」看到四川一帶也好食糖蟹，他的〈飯罷戲作〉寫道：「東門買彘骨，醯醬點橙薤。」「橙薤」就是將金橙切成細絲熬成橙醬，甜酸兼具，是成都當地廣受歡迎的調味料。

宋人愛豬羊

到了宋朝，伴隨著養豬業的發展，豬肉成為了人們餐桌上的必備美食，甚至成為各個階層最喜愛的菜餚，反映出當代養豬產業的發達以及百姓經濟實力的穩定。宋人對豬肉的烹調手法可說不斷地求新求變，絲毫不放過豬隻的任何部位。例如他們開始將酒類加入豬肉的烹煮過程，再佐以各種香料，讓每一道豬肉料理都呈現最佳風味。宋人所喜愛的燜肉、水晶膾、筍潑肉、肉粉羹，都是以豬肉為主的創意料理。

蘇軾到嶺南所寫的詩中，記錄「五日一見花豬肉，十日一遇黃雞粥」，訴說自己沒有肉可吃的無比辛酸；他早先因烏臺詩案而貶謫黃州，初到黃州時心情非常的低落，面對無奈的政治衝突、仕途的大起大落，他甚至發出「不復作文字」的感慨。然而隨著居住時間久了，他讓自己在佛老思想中得到超然且自我寬慰之道，漸漸在黃州找到生活樂趣並喜愛上當地風土民情，於是有了一份「玩心」並展現在「吃」的上頭。

他將黃州的豬肉製成料理：「洗淨鐺，少著水，柴頭罨煙焰不起。待它自熟莫催它，火候足時它自美。」這是蘇軾的「黃州版豬肉」，而後世出現了「東坡肉」料理，當然兩者的做法是完全不相同的。

為了吃到上等肉質的豬肉，宋人對於豬肉的選擇極其講究。他們將豬的各個部位劃分為不同的等級。由細到粗，分別是「豬肉」、「豬頭」、「事件」三大類。「事件」就是豬下水，從頭吃到尾、從裡吃到外。

除了豬肉，宋人也喜食羊肉。

北方的肉食以羊肉為上，吃羊肉是達官貴人的標誌，僅次於羊肉的豬肉，民間消費量雖大，但宮廷中一般不用。羊肉有補肝明目、溫補脾胃之效，皇室與百姓都喜愛食用。

民間羊肉料理種類豐富，著名的有蒸軟羊、元羊蹄、鼎蒸羊等；羊肉大餐也成為宮廷宴會上不可缺少的名菜。《山家清供》記錄了宋朝皇家宴會中一道特色羊肉料理：「羊作臠，放置砂鍋內，除蔥、椒外，有一秘訣，只用槌真杏仁數枚，活火煮之，至骨糜爛。」在砂鍋內加入調味料，再以火烹煮至羊骨軟爛，成為鮮嫩多汁、入口即化的羊肉佳餚。

《侯鯖錄》則記錄了蘇軾和韓宗儒的一段羊肉情緣，可以看出當時人們對羊肉的著迷。據說韓宗儒每每與坡哥書信來往後，就拿著大文豪的手書到市場上叫賣，可以從殿前都指揮使姚麟那兒換到好幾斤羊肉。黃庭堅聽聞此事後跑去向坡哥告狀：「王羲之的書法被拿去換鵝，你知道你的信被拿去換羊肉了嗎？」坡哥聽完冷靜的沒有反應，然某天靈光一閃，想了一個辦法來整整韓宗儒。

那時蘇軾在翰林學士院任職，韓宗儒又寫了小紙條過來，送信人還賴著不走，一直催促著回信。坡哥笑說：「回去報告你家主人，今日朝廷禁止屠宰，無肉可吃。」韓宗儒與坡哥的羊肉情緣自此無疾而終。

看菜是門道

宋朝有個習俗：在上酒之前，酒樓夥計會先端上幾盤「看菜」，然後才換上下酒的正菜，如果吃了「看菜」可就貽笑大方。

宋人筆記《武林舊事》、《都城勝紀》、《夢粱錄》都提過「看菜」這一舊例。《武林舊事》：「酒未至，則先設看菜數楪，及舉杯，則又換細菜。」耐得翁《都城勝紀》與吳自牧《夢粱錄》均記載：「初坐定，酒家人先下看菜，問酒多寡，然後別換好菜蔬。」大家發現了嗎？「看菜」是供觀賞的，只看不吃，這顯然是在經濟富裕條件之下的產物，用來展示大廚的手藝和精緻擺盤，以及精美的器皿。若不識規矩，對著「看菜」動筷，是會被旁人取笑的！

「看菜」延續自唐朝的御用「飣食」，《太平廣記》記載，唐時「御廚進饌，凡器用有少府監進者。用九飣食，以牙盤九枚，裝食味於其間。置上前，亦謂之看食。」皇帝用膳時要上九盤「看食」，到了宋朝，宮廷宴會中先上「看菜」同樣成為重要禮儀。

宋 劉松年〈瑤池獻壽圖〉

《東京夢華錄》記載了皇家壽宴的飲食狀況，赴宴的大臣桌前，「每分列環餅、油餅、棗塔為看盤，次列果子。惟大遼加之豬、羊、雞、鵝、兔、連骨熟肉為看盤，比以小繩束之」。《夢粱錄》記載的「皇太后聖節」宴會也是差不多的情形：「每位列環餅、油餅、棗塔為看盤。若向者高宗朝，有外國賀生辰使副，朝賀赴筵，於殿上坐使副，餘三節人在殿廡坐，看盤如用豬、羊、雞、鵝、連骨熟肉，並蔥、韭、蒜、醋各一碟。」

看菜很煎熬嗎？只能吃不能看很痛苦嗎？反正這些菜都已經涼了，怎麼看也清楚地知道一點都不美味，不吃也無妨了。

真正的好料是在看菜之後，也就是「正菜」，要等到皇帝喝到第三盞酒時才會端上來：「凡御宴至第三盞，方有下酒肉。」

宋朝有專任飲食、請客、宴席之事的機構，叫做「四司六局」，他們的工作包括布置「看菜」，如廚司「掌筵席生熟看食、妝飣」，果子局「掌裝簇飣盤看果」，菜蔬局「掌筵上簇飣看盤菜蔬」，這裡的「看食」、「妝飣」、「飣盤看果」、「看盤菜蔬」都是「看菜」。

四司六局不僅替政府安排宴會，也為民間辦桌提供客製化服務，「常時人戶，每遇禮席，以錢請之，皆可辦也」、「雖廣席盛設，亦可咄嗟辦也」，主人只要出錢點菜，四司六局就會幫忙辦桌辦到賓主盡歡。

宋朝之後，比較正式的宴會中均保留著只能看不許吃的「禮儀菜」，只不過「看菜」一名換成了「看席」，看席與吃席並置，即另置一桌「禮儀菜」供觀賞的意思。明清時期的「鹿鳴宴」等官方宴席，都照例要設「看席」。明朝人沈榜的《宛署雜記》收錄了一份「鹿鳴宴」看席的菜譜：「看席各一，餅錠八個，四頭明糖八個，糖錠餅五碟，糖果山五座，栗子一碟，膠棗一碟，核桃二碟，紅棗一碟，豬肉一方，羊肉一方，牛肉一方，醃魚一尾，湯雞一隻，饅頭二個，料酒一個，頂花一座，定勝花二枝，果罩花十五枝，肘件花五枝，絨戴花二枝。」雖然是只許看不許吃的菜式，而且全是冷盤，但還是挺豐盛的。

什麼是「鹿鳴宴」？這和唐朝的「燒尾宴」意思差不多，就是新登科的士人要宴請同事吃大餐的 party！

鹿鳴宴舉辦在鄉試放榜次日，地方官宴請新中科舉同僚的宴會，因席間要歌詠《詩經》中的《鹿鳴》篇，故稱「鹿鳴宴」。主旨是「賓賢能」，即禮待科舉考試選拔出來的才俊，眾人也可在宴會中藉機多認識同事將來好說話，想要一起團購也方便！

《詩經》拓片

奇巧烹飪技術

宋朝出現了「廚娘」這一職業。無論男女廚師，都得學會不少專門功夫，才能成為真正的大廚。

《鶴林玉露》有段小故事：權臣蔡京在黨爭中失勢以後，從他家中流落到汴京城人才市場裡的廚娘，只需負責做包子流程中「切蔥絲」這一道工藝。細緻分工，反應了宋朝對飲食的細膩追求，也證明這位廚娘必然萬分嫻熟這道工序。《暘谷漫錄》中提過一位頂級廚娘，來去知府家中做菜皆以轎子接送，她烹製的一道「羊頭簽」（羹類食品），要用十個羊頭且只剔取臉肉，五斤蔥只切取蔥心，其餘的部分全給扔了。廚娘做出的羊頭簽確實「馨香脆美，濟楚細膩」，每次都能博得賓客一致好評，但她的鐘點費實在太高，知府應付不來，不到兩個月就將她辭退了。

大廚真功夫——「辯味」

宋朝已經廣泛用蔥入藥和入菜：「入藥用山蔥、胡蔥；食品用陳蔥、漢蔥。凡蔥皆能殺魚肉毒。」若辨識不清會毀了食物原味，甚至導致輕微的食物中毒。製作肉類食物時更要把握調味料的用法——炙雞鴨法，將雞鴨「治事淨，湯內養熟如常批開，研椒、蒔蘿、醬、茴香、馬芹、杏仁各一文，阿媿少許，薑蔥約度用之，同研爛，頭醋調，濾滓淹半日，炙令黃色止。」簡而言之，這一道菜裡就用到了七、八種天然調料，混合在一起燜熟，待半日後顏色變黃即可食用。

此外，不同的肉類還搭配不同的調味料蘸用。《事林廣記》記載，芥末肉絲是「用麵醬、榆仁醬研細，添水調勻去滓用汁，生薑自然汁、醋、芥末添蜜同研勻，取汁濾去滓，將上件一處和勻，嘗之滋味得所。吃野豬肉、兔、鹿唇、熊掌、臘豬肉用；若入黃瓜細絲，名曰黃瓜肉絲，吃羔子、舌、膊肉用。」除了薑和蔥，醬油、醋一類調味料在宋朝也得到廣泛運用，北宋時醬油這一辭彙出現，在涼拌菜中尤其常見。《山家清供》中有多處使用醬油的記載，如「山家三脆」：「嫩筍、小蕈、枸杞頭入鹽湯焯熟，同香熟油、胡椒鹽各少許，醬油、滴醋拌食。」、「柳葉韭」：「韭菜嫩者，用薑絲、醬油、滴醋拌食，能利小水，治淋閉。」

專業刀工必備

《東京夢華錄》記載：「坊巷橋市，皆有肉案，列三、五人操刀，生熟肉從便索喚，闊切片批，細抹頓刀之類。至晚即有燠曝熟食上市。」市場攤主的刀工都如此強勁，作為一個廚師，擁有專業刀工絕對大大加分！而宋朝廚師刀法之精湛，在民間軼事之中曾有記載，「蔣大防母夫人云：少日隨親謁泰山東嶽，天下之精藝畢集……又一庖人令一人袒背伏僂於地，以其背為刀几，取肉一斤許，運刀細縷之。撤肉，而拭其背，無絲毫之傷。」以人背做砧板，精切肉絲之後毫髮無傷，在今天可算是超級大廚了。

「炒」出一片商機

製油業的興盛帶動宋朝的飲食多樣化，「炒」這項烹飪方式因而流行於宋朝飲食界。有了「食用油」，「炒」在宋朝得以普及，上述的專業刀工也同樣得到進一步發展。浦江吳氏《中饋錄》記載「肉生法」：「用精肉切細薄片子，醬油洗淨，入火燒紅鍋、爆炒」，為了要炒出好菜，好油、好刀工、好手藝應運而生，也造就了一道道膾炙人口的大宋美食料理。

當時汴京城最大的官方油坊——油醋庫，擔任著供應宮廷油醋的任務。所榨的油有麻、荏、菜三種，油匠六十人、醋匠四人。宋仁宗天聖元年奏言記錄此庫一年出納的麻油就達萬石以上，當時的私家油坊也有一些零星紀錄，如《夢粱錄》中提到的「油作」，專門加工食用油。《夷堅志》說臨安府觀橋下一個名為王良佐的普通百姓，通過販賣油品後來變成小康之家。榨油和販油兩者密不可分，除食用油以外，也有不少作坊加工各種油品，金農《隸書陳野水事軸》提到在婺州，「數人搗桐油，一老下碓」的情景，在油漆業發達的兩浙路，這類榨油作坊應該為數不少。

素食與仿素食誕生

宋朝是個對佛教抱持開放態度的朝代，不少宋人因信奉佛教進而推進了素食的發展。當時，素食最大的特點就是已經有了「仿素食」的出現，宋人利用素食材料仿製各種魚肉類製品，假牛凍、假炙江瑤、假熬蛤蜊肉，吃著帶肉味的素食也是一種飲食樂趣。

許多文人都寫過關於素菜的文章，蘇軾被貶謫到天涯海角海南島時，寫了一篇〈菜羹賦〉，其中有製作素食的相關描述：「湯濛濛如松風，投糝豆而諧勻……滃嘈雜而麋潰，信淨美而甘分。」蘇軾初至海南島時尚不熟悉當地食材，加上生活窘迫到時常要靠鄰居的接濟來解決自身溫飽問題，開始動了「素菜」的腦筋！他用大量新鮮蔬菜、山泉水再加上少許陳米，煮了一鍋蔬菜濃湯。這鍋濃湯讓坡哥不禁感慨這道素食的鮮美。我想，這是坡哥在困頓之中替自己尋得一方自在天地的逍遙與自得，也是蘇軾迷人的個性所在！也因為坡哥的〈菜羹賦〉，極力推崇素食養生，在他的網紅效應帶動下，以素食為尚成為飲食風氣，受到士大夫、百姓們的追捧，健康美味又天然無負擔的素食就在宋朝廣泛流行了起來。

經濟的高度發展提升對

蘇軾

飲食的重視，宋朝時期人們更在意飲食上的創新與特色，不僅要求美味，更要吃得精緻、有趣。

說到特色食物，就要提及「插食」，它是宋人宴會時的新鮮吃法。即直接在食物上面插花、插彩旗，邊看邊玩邊吃，以增添飲食中的趣味。這反映出人們經濟條件上的富裕，和人們對飲食之道的重視。當然，也要有時間享受才行！

宋人精心鑽研以及開發不同的烹飪技術和各式各樣有意思的飲食方法，讓宋朝成為一個美食國度，以及老饕們的吃貨天堂。

皇上吃什麼

關於吃，有些人吃粗飽、有些人吃精緻、有人吃排場、有人吃美味，無論是不是老饕，每位宋朝百姓都可以吃到許多特色食物。那麼身在帝王家又吃些什麼？和百姓所食有何不同？

勤儉持家的宋仁宗

宋仁宗在飲食方面相當節制。邵伯溫《邵氏聞見錄》記載一事：仁宗「好食糟淮白魚」，但淮白魚乃江南特產，開封未見，而依宋朝祖宗舊制，皇家「不得取食味於四方」，所以他一直想吃魚卻吃不到，內心無比惆悵。後來，皇后只好問呂夷簡的夫人：「相公家在壽州，當有糟淮白魚？」呂夫人回家告訴先生後，不久就向皇后進獻了兩筐魚。

夫人外交還是有用處的，至少宋仁宗吃到魚了。

又有一次，宋仁宗早朝時面色憔悴，大臣問：「皇上今天看起來不舒服，怎麼了呢？」仁宗說：「偶不快。」大臣以為皇帝昨夜「操勞過度」了，便說：「以為陛下當保養聖躬」。

仁宗笑著回答：「你又知道了？我是半夜肚子餓啦！」

大臣又羞又驚，趕緊問道：「為什麼餓了不吃點東西呢？」

仁宗說：「夜來微餒，偶思食燒羊，既無之，乃不復食，由此失饑。」

喔，原來想吃烤羊肉啊！

〈宋仁宗后坐像〉

大臣說：「何不令供之？」

仁宗說：「朕思之，於祖宗法中無夜供燒羊例，朕一起其端，後世子孫或踵之為故事，不知夜當殺幾羊矣！故不欲也。」

仁宗真是思慮深遠，生怕自己開了半夜吃羊肉的先例，往後的子子孫孫都會在半夜到處找東西吃，勞師動眾相當不妥。真是一位好皇帝！

皇家的日常飲食

其實皇家宴會的菜色並不豐盛，反而因其定制，讓飯局吃得一點都不輕鬆。首先，每一盞酒都要搭配上有歌舞、雜技，吃喝倒是其次。

《東京夢華錄》記載〈宰執親王宗室百官入內上壽〉，使臣諸卿只是「每分列環餅、油餅、棗塔為看盤，次列果子。惟大遼加之豬羊雞鵝兔連骨熟肉為看盤，皆以小繩束之。又生蔥韭蒜醋各一碟。三五人共列漿水一桶，立勺數枚」。

我們談過的「看菜」只能看不能吃，諸位臣子要到第三盞酒時才能動筷。「凡御宴至第三盞，方有下酒肉、鹹豉、爆肉、雙下駝峰角子。」第四盞下酒是子骨頭、索粉、白肉胡餅；第五盞是群仙、天花餅、太平畢羅乾飯、縷肉羹、蓮花肉餅；第六盞假黿魚、密浮酥捺花；第七盞排炊羊胡餅、炙金腸；第八盞假沙魚、獨下饅頭、肚羹；第九盞水飯、簇飣下飯。」

九盞酒席吃下來，看得比吃得多、菜色樣式不甚豐富，這便是宋朝儉樸的皇家宴會。

高檔次的大餐

陳世崇《隨隱漫錄》收錄的一張《玉食批》為宋廷司膳內人所書寫，內容為宋理宗每日賜太子玉食批數紙，包括：酒醋白腰子、三鮮筍炒鵪子、烙潤鳩子、土步辣羹、海鹽蛇鮓、煎三色鮓、煎臥烏、焗湖魚糊、炒田雞、雞人字焙腰子糊、燠鯰魚、蝤蛑簽、麂膊及浮助酒蟹、江瑤、青蝦、辣羹、燕魚乾、酒醋蹄酥片、生豆腐、百宜羹、臊子、炸白腰子、酒煎羊、二牲粗腦子、清汁雜、熰胡魚、肚兒辣羹、酒炊淮白魚。太子根本吃不完這麼多料理，這些菜色都是太子隨著自己喜好進食，單擺著而不吃的菜色其實佔了多數。

周密《武林舊事》、陳世崇《隨隱漫錄》收錄了紹興二十一年十月清河郡王張俊宴請宋高宗的菜單，從這份菜單可以瞭解到何謂土豪奢華宴會了。

（一）餐前小吃：小坐發呆時可以慢慢吃

1. 水果盤：香圓、真柑、石榴、棖子、鵝梨、乳梨、榠楂、花木瓜
2. 乾果盤；荔枝、圓眼、香蓮、榧子、榛子、松子、銀杏、梨肉、棗圈、蓮子肉、林檎旋、大蒸棗
3. 香藥：腦子花兒、甘草花兒、朱砂圓子、木香丁香、水龍腦、史君子、縮砂花兒、官桂花兒、白術人參、橄欖花兒
4. 蜜餞雕花梅球兒、紅消花、雕花筍、蜜冬瓜魚兒、雕花紅團花、木瓜大段花、雕花金橘、青梅荷葉兒、雕花薑、蜜筍花兒、雕花棖子、木瓜方花兒
5. 酸鹹小吃：香藥木瓜、椒梅、香藥藤花、砌香櫻桃、紫蘇柰香、砌香萱花柳兒、砌香葡萄、甘草花兒、絲梅、梅肉餅兒、水紅薑、雜絲梅餅兒
6. 臘味與醃製品：肉線條子、皂角鋌子、雲夢𦙶兒、鰕臘、肉臘、奶房、旋鮓、金山鹹豉、酒醋肉、肉瓜齏
7. 拼盤：揀蜂兒、番蒲萄、巴欖子、大金橘、新椰子、象牙板、小橄欖、榆柑子

（二）第二輪餐前小吃：終於可以吃了！

1. 水果切片：春藕、鵝梨餅子、甘蔗、乳梨月兒、紅柿子、切棖子、切綠橘、生藕鋌子
2. 時鮮水果：金橘、葴楊梅、新羅葛、切蜜蕈、切脆棖、榆柑子、新椰子、切宜母子、藕鋌兒、甘蔗柰香、新柑子、梨五花子
3. 蜜餞：雕花蜜煎
4. 酸鹹小吃：砌香鹹酸
5. 果子製品：荔枝甘露餅、荔枝蓼花、荔枝好郎君、瓏纏桃條、酥胡桃、纏棗圈、纏梨、香蓮事件、香藥葡萄、纏松子、糖霜玉蜂兒、白纏桃條
6. 臘味與醃製品：脯臘一行

（三）下酒菜上桌

下酒十五盞：

第一盞，花炊鵪子、荔枝白腰子

第二盞，奶房簽、三脆羹

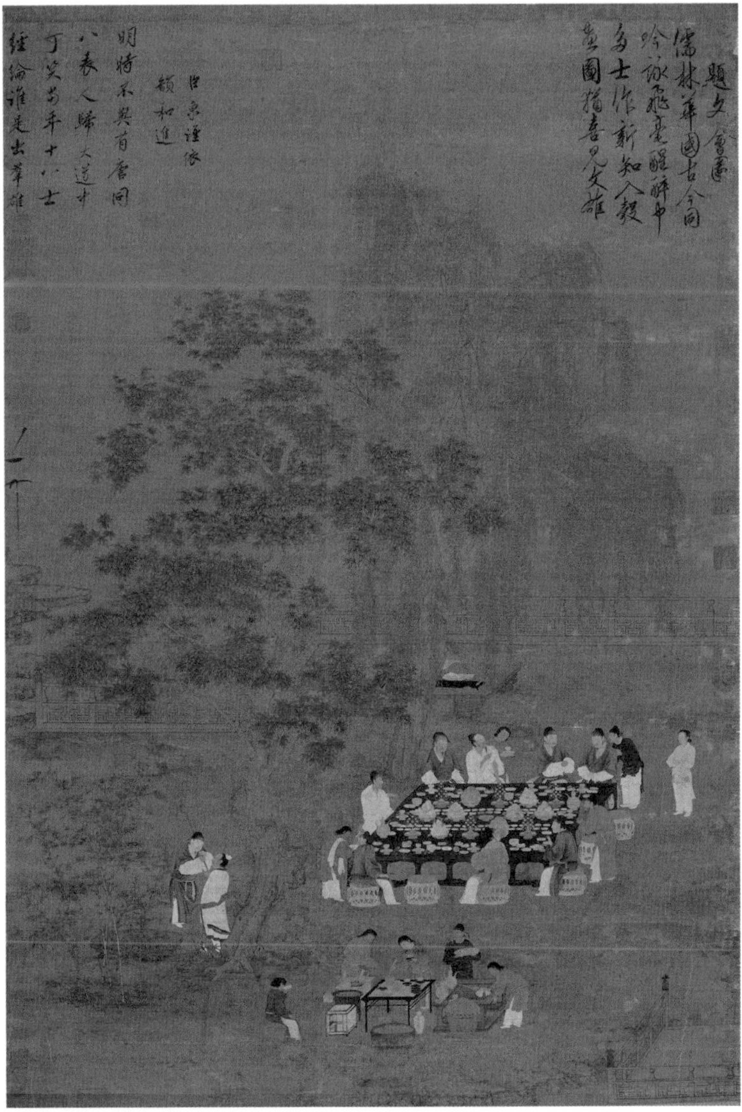

宋徽宗〈文會圖〉中的宮廷宴會

第三盞，羊舌簽、萌芽肚胘
第四盞，肫掌簽、鵪子羹
第五盞，肚胘膾、鴛鴦炸肚
第六盞，沙魚膾、炒沙魚襯湯
第七盞，鱔魚炒鱟、鵝肫掌湯齏
第八盞，螃蟹釀棖、奶房玉蕊羹
第九盞，鮮蝦蹄子膾、南炒鱔
第十盞，洗手蟹、鯚魚假蛤蜊
第十一盞，五珍膾、螃蟹清羹
第十二盞，鵪子水晶膾、豬肚假江鰩
第十三盞，蝦棖膾、蝦魚湯齏
第十四盞，水母膾、二色繭兒羹
第十五盞，蛤蜊生、血粉羹

（四）餐與餐之間也要吃美食

1. 插食：炒白腰子、炙肚肱、炙鵪子脯、潤雞、潤兔、炙炊餅、炙炊餅臠骨
2. 勸酒小吃——勸酒果子庫十番：砌香果子、雕花蜜煎、時新果子、獨裝巴欖子、鹹酸蜜煎、裝大金橘小橄欖、獨裝新椰子、四時果四色、對裝揀松番葡萄、對裝春藕陳公梨
3. 主廚推薦——廚勸酒十味：江鰩炸肚、江鰩生、蝤蛑簽、薑醋生螺、香螺炸肚、煨牡蠣、特蠣炸肚

（五）吃完繼續吃點心

1. 準備上細壘四卓
2. 又次細壘二卓：蜜煎、鹹酸、時新、脯臘等件

我倒不認為帝王家都是吃得如此高檔精緻，很多時候歷史告訴我們其中必有典故。當然，奢侈無度的皇帝在日常起居上揮霍無度的例子不在少數，這份菜單便是其中一例，這精美菜色的背後可是那大好河山換來的滋味啊！

宋人飲酒寶典

宋人飲酒自有一番情深意濃，且拉住蘇軾的衣角，聽著柳永低吟：「今宵酒醒何處、楊柳岸、曉風殘月」；打翻了晏殊的酒杯，與李清照一道「東籬把酒黃昏後」……月色、詩詞歌賦、好酒、好友，是宋人的閒情雅致與生活情趣寫照。

然而在這美好的氣氛之下，卻有著一個關於飲酒的悲催小故事。

蘇軾〈次韻王定國得晉卿酒相留夜飲〉記載：「使我有名全是酒，從他作病且忘憂」似有頗高的真實度，畢竟蘇軾真的很常喝酒喝得大醉。不過呢，蘇軾對飲酒、論酒在行，對「釀酒」就大大不在行，他可是有著曾因釀壞了酒，害朋友拉肚子的不良紀錄。

《墨莊漫錄》有段蘇軾的釀酒往事。坡哥在黃州時苦心鑽研自釀蜜酒，他先將四斤蜂蜜煉熟後加上熱水，再憑著第六感攪一攪，然後靠著不知哪來的靈感，將麵麴二兩、南方白酒用的米麴一兩半搗細後裝在絹袋裡，一道放入容器中密封。

坡哥判斷氣溫高低自會調節釀造溫度，掐指一算，只需靜待數日即可開封飲用。待親手釀造的酒完成後，他開心地分送給多位朋友共飲，沒想到喝過的人都腹瀉不止，原因可能是坡哥在蜂蜜中加了熱水、酒麴數量過於隨興，溫度也沒控制好，而導致水質變質的緣故。但這次慘痛經驗絲毫不影響坡哥對釀酒的不屈不撓，他晚年在惠州再接再厲地嘗試自製桂酒，還要兩個兒子蘇邁、蘇過一起喝。兩位小蘇先生的才華資質雖然不如老爸，這時倒是聰明地只淺嚐一小口，帶著一抹笑容，望著老爸：「我喝囉！」然後就不再碰杯子，也不願再喝第二口了。

美酒大評鑑

宋代的經濟發展興盛，人文成就極高、城市繁榮、享樂風氣盛行，連帶推動了飲酒文化的發展。《水滸傳》中武松過景陽岡時，店家曾對他說：「俺家的酒，雖是村酒，卻比老酒的滋味。」由此可知不只是宮廷中或文人雅士，在宋朝喝酒乃是全民之樂。

周煇《清波雜志》：「今祭祀、宴

武松

饗、餽遺、非酒不行。田畝種秫，三分之一供釀財曲蘗，猶不充用。」為了釀酒，政府可是花了不少錢啊！

雖說宋朝還處在釀造酒的時代，酒類品質不如元朝後的蒸餾酒精純、酒精濃度高、無雜質。但若論起「酒」仍然是一門讓文人墨客、綠林好漢、平民百姓、王公貴族津津樂道之事！宋朝出現許多酒學專著，如蘇軾的《東坡酒經》、林洪的《新豐酒經》、竇子野的《酒譜》、朱翼中的《北山酒經》、李保的《續北山酒經》、范成大的《桂海酒志》以及陳元靚《事林廣記》中的酒篇章等等。諸多酒經皆分析宋朝的釀酒技術，從酵母、添加的藥材、乾燥時間長短、保存酵母方法都有仔細說明，可見宋人對「酒」的重視！

朱翼中《北山酒經》上卷論酒，中卷論麴，下卷論釀酒之法，可謂總結宋朝釀酒技術的著作。書中介紹過武陵桃源酒法和冷泉酒法等十多種釀酒的方法，對釀酒界很有幫助。宋朝製麴使用了麴母傳醅的方法，朱翼中《北山酒經》卷下記載的「合酵」與「酴米」，提出這種新的培養技術。書中還提到了「乾酵」的製作使用：「凡醞不用酵，即酒難發醅，來遲則腳不正。只用正發酒醅最良，不然，則掉取醅面，絞令稍乾，和以麵蘗，掛於衡茅，謂之乾酵。」獲取酒醅的表面層後去除水分，使其稍微乾燥，再摻和酒麴，掛在樑上陰乾，稱為「乾酵」，也是培養酒麴的好方法。

《北山酒經》卷下則記載宋朝配製酒的配方以及配製工藝，其中有一道「羊羔酒」的配製方式：「臘月取絕肥嫩羯羊肉三十斤，肉三十斤內要肥膘十斤，連骨，使水六斗已來，入鍋煮肉，令息軟。漉出骨，將肉絲擘碎，留著肉汁。炊蒸酒飯時，酌撒脂肉於飯上，蒸令軟，依常拌攪，使盡。肉汁六斗潑饋了，再蒸良久，卸案上，攤令溫冷得所。揀好腳醅，依前法酘拌，更使肉汁二升，以來收拾案上及元壓面水。依尋常大酒法日數，但曲盡於酴米中用耳。」宋人在配製羊羔酒的過程中大量使用肉類原料，意在提高酒的脂香程度，同時非常重視釀酒時的「溫度」。而我們則是從中知道，宋人喝「羊」酒！

竇蘋《酒譜》記述有關酒的名稱由來、傳聞典故、傳聞軼事以及相關詩文禮儀，兼述酒的功用、性味和飲器；陳元靚《事林廣記》記載釀酒方法，如藍橋風月酒方、醉鄉奇酒方、思春堂酒方、瓊液酒方、銀波酒方、碧香酒方等；林洪《山家清供》記載新豐酒法，蘇軾《東坡酒經》記載南方酒法和他自己發明的造酒法。這些著作至今仍然是我們瞭解宋朝釀酒之道的主要依據。

細數宋朝名酒

宋朝張能臣所著《酒名記》收錄了宋朝的酒名多達一百多種。皇親國戚所釀的酒種類繁多，品質也是上乘，像是：香泉酒、天醇酒、瓊酥酒、瑤池酒、瀛玉酒、瓊腴酒、蘭芷酒、玉瀝酒、金波酒、清醇酒，皆居於宮廷名酒要位。

張能臣《酒名記》與南宋周密《武林舊事・諸色酒名》，均收錄有宋朝的名酒名錄。張能臣《酒名記》所錄北宋名酒：

1. 貴戚家酒：

高太皇娘家家宴名酒：香泉

向太后娘家家宴名酒：天醇

張溫成皇后娘家家宴名酒：醽醁

朱太妃娘家家宴名酒：瓊酥

劉明達皇后娘家家宴名酒：瑤池

鄭皇后娘家家宴名酒：坤儀

曹太皇太后娘家家宴名酒：瀛玉

蔡太師家宴名酒：慶會
王太傅家宴名酒：膏露
何太宰家宴名酒：親賢
鄆王家宴名酒：瓊腴
肅王家宴名酒：蘭芷
椿齡嘉王家宴名酒：琬醑
濮安懿王家宴名酒：重
建安郡王家宴名酒：玉瀝
李和文駙馬家宴名酒：金波
王晉卿家宴名酒：碧香
張駙馬家宴名酒：醽醁
曹駙馬家宴名酒：雅成春
郭駙馬家宴名酒：香瓊
大王駙馬家宴名酒：瑤琮
錢駙馬家宴名酒：清醇

童貫家宴名酒：褒功、光忠
梁開府家宴名酒：嘉義
楊開府家宴名酒：美誠
開封府宴會名酒：瑤泉

2. 東京名酒：
東京豐樂樓出品：眉壽、和旨
忻樂樓出品：仙醪
和樂樓出品：瓊漿
遇仙樓出品：玉液
玉樓出品：玉醞
鐵薛樓出品：瑤醽
仁和樓出品：瓊漿
高陽店出品：流霞
清風樓出品：玉髓

會仙樓出品：玉酯
八仙樓出品：仙醪
時樓出品：碧光
班樓出品：瓊波
潘樓出品：瓊液
千春樓出品：仙醇
中山園子店出品：千日春
銀王店出品：延壽
蠻王園子正店出品：玉漿
朱宅園子正店出品：瑤光
邵宅園子正店出品：法清
大桶張宅園子正店出品：仙醁
方宅園子正店出品：瓊酥
薑宅園子正店出品：羊羔
梁宅園子正店出品：美祿

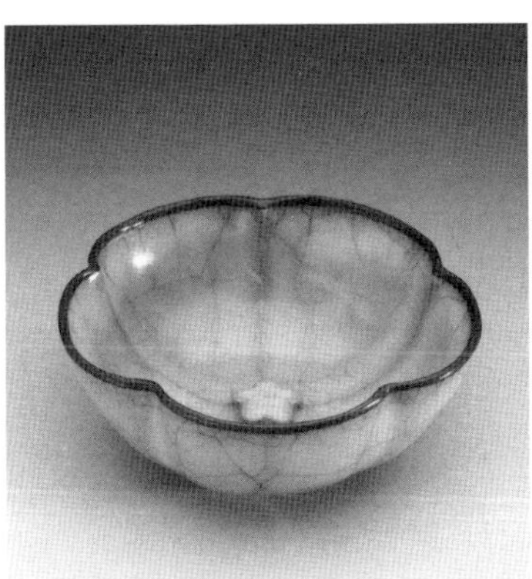

（左）青瓷梅花式盞　（右）白瓷葫蘆式把壺

郭小齊園子正店出品：瓊液
楊皇后園子正店出品：法清

3. 三京名酒：
北京（大名府）出品：香桂、法酒
南京（應天府）出品：桂香
西京（河南府）出品：玉液，酴醾香

4. 四輔州名酒：
澶州出品：中和堂
許州出品：潩泉
鄭州出品：金泉

5. 河北名酒：
真定府出品：銀光

宋 朱銳〈春社醉歸圖〉

河間府出品：金波、玉醖
保定軍出品：知訓堂、杏仁
定州出品：中山堂、九醖
保州巡邊出品：銀條、錯著水
德州出品：碧淋
濱州出品：石門、宜城
博州出品：宜城、蓮花
衛州出品：柏泉
棣州出品：延相堂
恩州出品：揀米、細酒
洺州出品：玉瑞堂、夷白堂、玉友
邢州出品：沙醅金波
磁州出品：風麴法酒
深州出品：玉醅
趙州出品：瑤波

相州出品：銀光
懷州出品：宜城、香桂
定州出品：瓜曲、錯著水

6. 河東名酒：
太原府出品：玉液、靜制堂
汾州出品：甘露堂
隰州出品：瓊漿
代州出品：金波、瓊酥

7. 陝西名酒：
鳳翔府出品：橐泉
河中府出品：天祿、舜泉
陝府出品：蒙泉
華州出品：蓮花、冰堂

邠州出品：靜照堂、玉泉
慶州出品：江漢堂、瑤泉
同州出品：清洛、清心堂

8. 淮南名酒：
揚州出品：百桃
廬州出品：金城、金門城、杏仁

9. 江南名酒：
宣州出品：琳腴、雙溪
江寧府出品：芙蓉、百桃、清心堂
處州出品：穀簾
洪州出品：雙泉、金波
杭州出品：竹葉清、碧香、白酒

（左）白瓷印花仙鶴盞　（右）白瓷瓜稜罐

蘇州出品：木蘭堂、白雲泉
明州出品：金波
越州出品：蓬萊
潤州出品：蒜山堂
湖州出品：碧瀾堂、霅溪
秀州出品：霅月波

10. 四川名酒：
成都府出品：忠臣堂、玉髓、錦江春、浣花堂
梓州出品：瓊波、竹葉清
劍州出品：東溪
漢州出品：簾泉
合州出品：金波、長春
渠州出品：葡萄
果州出品：香桂、銀液

閬州出品：仙醇

峽州出品：重糜、至喜泉

夔州出品：法醹、法醽

11. 荊湖名酒：

荊南出品：金蓮堂

鼎州出品：白玉泉

辰州出品：法酒

歸州出品：瑤光、香桂

12. 福建名酒：

泉州出品：竹葉

13. 廣南名酒：

廣州出品：十八仙

古賢詩意圖〈東山宴飲〉

韶州出品：換骨玉泉

14. 京東名酒：

青州出品：揀米

齊州出品：舜泉、近泉、清燕堂，真珠泉

兗州出品：蓮花清

曹州出品：銀光、三酘、白羊、荷花

鄆州出品：風曲白佛泉、香桂

濰州出品：重醒

登州出品：朝霞

萊州出品：玉液

徐州出品：壽泉

濟州出品：宜城

濮州出品：宜城、細波

單州出品：宜城、杏仁

15. 京西名酒：

汝州出品：揀米

滑州出品：風曲、冰堂

金州出品：清虛堂

郢州出品：漢泉、香桂

隨州出品：白雲樓

唐州出品：淮源、秘泉

蔡州出品：銀光香桂

房州出品：瓊酥

襄州出品：金沙、宜城、檀溪、竹葉清

鄧州出品：香泉、寒泉、香菊、甘露

穎州出品：銀條、風曲

均州出品：仙醇

河外府州出品：歲寒堂

（左）青瓷葫蘆瓶　（右）烏金釉碗

周密《武林舊事・諸色酒名》所錄南宋名酒：

1. 御酒庫出品：薔薇露、流香
2. 三省激賞庫出品：宣賜碧香、思堂春
3. 殿司用酒：鳳泉
4. 祠祭用酒：玉練槌
5. 臨安市場名酒：有美堂、中和堂、雪醅、真珠泉、皇都春
6. 浙西倉出品：皇華堂
7. 浙東倉出品：爰咨堂
8. 揚州出品：瓊花露
9. 湖州出品：六客堂
10. 蘇州出品：齊雲清露、雙瑞
11. 淮東總領所出品：愛山堂、得江
12. 江闔出品：留都春、靜治堂
13. 海闔出品：十洲春、玉醅

（左）南宋 龍泉窯 青瓷長頸瓶　（右）北宋 汝窯 青瓷紙槌瓶

14. 淮西總領所出品：海嶽春
15. 江東漕出品：籌思堂
16. 秀州出品：清若空
17. 越州出品：蓬萊春
18. 鎮江出品：第一江山、北府兵廚、錦波春、浮玉春
19. 建康出品：秦淮春、銀光
20. 溫州出品：清心堂、豐和春、蒙泉
21. 嚴州出品：蕭灑泉
22. 常州出品：金門泉
23. 衢州出品：思政堂、龜峰
24. 婺州出品：錯認水
25. 蘭溪出品：溪春
26. 秀邸出品：慶遠堂
27. 楊府出品：清白堂
28. 吳府出品：藍橋風月

29. 楊郡王府出品：紫金泉
30. 楊駙馬府出品：慶華堂
31. 張府出品：元勳堂
32. 榮邸出品：眉壽堂、萬象皆春
33. 謝府出品：濟美堂、勝茶

美酒中的大宋，醉人的美好。

蒲中酒

《曲洧舊聞》記載：「內中酒，蓋用蒲中酒法也。太祖微時喜飲之，即位後，令蒲中進其方，至今用而不改。」蒲中指山西蒲州，這個地區釀的酒早有盛名，據說宋太祖未發跡前便喜歡喝此處的酒，登基後更派人獻上酒方，宮廷裡的蒲中酒正是用該法釀造。

薔薇露酒、流香酒

宋朝的極品美酒，只由大內釀造供皇家御用，民間買不到這兩種酒。皇帝慶壽時，皇帝飲用的是薔薇露酒、而皇帝賜與大臣的酒則是流香酒。

以花瓣釀酒的技法之所以傳入宋朝，與當時的海上絲路貿易息息相關。由於西夏的興起阻擋了宋人通往西域的路上貿易，因此宋朝政府致力拓展海上絲路、經營海洋生意，在海上絲路擁有一席之地，遂有大量的海外商品和資源透過海路進入宋朝。其中「薔薇花水」便是一種可以釀造薔薇露酒以及製造香水的產物。

長春法酒

這是使用三十多味名貴中藥，採用冷浸法配製而成的藥酒，具有「除濕實脾，行滯氣，滋血脈，壯筋骨，寬中快膈，進飲食」的功效，看起來即是今日的養生藥酒。

蘇合香酒

蘇合香丸是一味中藥配製的藥丸，因此以此配製的酒當然也是藥酒。每一斗酒以蘇合香丸一兩同煮，能調理五臟，袪腹中諸病，是宮廷內的御用藥酒。《千金方》：「真

〈宋太祖坐像〉

宗朝，嘗出蘇合香酒賜近臣，又賜蘇合香丸，自此方盛行於世。」

不得不說，宮廷飲酒非常注重養生。這是從唐朝流傳下來的養生之道，唐朝的《黃帝內經太素》寫道：「空腹食之為食物，患者食之為藥物。」反映出「藥食同源」思想，這樣的觀念直至清朝依然留存並實踐。

今晚喝酒何處去

宋朝為增加財政收入，實行專利榷酒政策，將酒品業置於政府管控之下。官監酒務即酒庫，特許酒戶讓酒品業成為國家財政的重要來源之一。

根據相關資料統計，宋神熙寧十年國家的酒水收入為一千一百六十四貫，約占國庫總收入的百分之二十，有的時期酒類專賣收入占國家財政收入的百分之二十五以上。由此可見，宋朝酒業發展相當興盛。

高級酒樓：正店

如果你身上的錢財足夠，不妨尋個高級的酒樓——正店吃喝。《東京夢華錄》：「在京正店七十二戶」，例如州東宋門外仁和店、薑店、州西宜城樓、藥張四店、班樓、金梁橋下劉樓、曹門蠻王家、乳酪張家、州北八仙樓、戴樓門張八家園宅正店、鄭門河王家、李七家正店、景靈宮東牆常慶樓，都是在汴京城中合法經營的大規模酒樓。

正店設有高聳的「彩樓歡門」，讓遠方船隻或商旅一眼望見何處可以歇腳、吃飯休息。「其門首，以枋木及花樣遝結縛如山棚，上掛半邊豬羊，一帶近裡門面窗牖，皆朱綠五彩裝飾，謂之歡門。每店各有廳院，東西廊廡，稱呼坐次。」走在大街上，抬頭望見高聳的「彩樓歡門」，就知道那是一間間熱鬧的正店了。〈清明上河圖〉中的孫羊正店，高朋滿座、門外人潮眾多、小販聚集，後院還堆放著不少大酒缸，顯見釀酒量十分龐大。

在民間，正店只要向官府買釀酒所需之酒麴就可以自行釀酒，同時也可以批發給「腳店」供其釀酒。這樣的批發過程有利於政府管理釀酒的稅收。

正店有以下特色：

1.《東京夢華錄》：凡京師酒店，門首皆縛彩樓歡門。
2. 店內都有一般座位、包廂。
3. 正店、腳店、一般小酒樓均可設置彩樓歡門。

〈清明上河圖〉中合法經營、販賣酒的「正店」：
1. 正店為造酒兼賣酒的大型酒樓。
2. 向政府購買酒麴才允許釀酒、銷售。
3. 買多少酒麴、賺多少錢都必須經政府核可。
4. 汴京城中約有七十二家正店。

《東京夢華錄》還記載了隨著正店發達而並行的相關產業：
1. 劄客、打酒坐：妓女之意，「不請自來，筵前歌唱，臨時以些小錢物贈之而去。」
2. 茶飯量酒博士：賣下酒廚子，販賣下酒菜的廚子。
3. 焌糟：換湯斟酒的婦人，「腰繫青花布手巾，綰危髻，為酒客換湯斟酒。」

4. 廝波：打雜的閒漢，「向前換湯斟酒歌唱，或獻果子香藥之類，客散得錢。」算是比較客氣的銷售商品之人。

5. 撒暫：簡直是強迫買單的行業啊！「賣藥或果實蘿蔔之類，不問酒客買與不買，散與坐客，然後得錢。」不管客人買不買單，總之往他們旁邊一坐並且猛烈推銷產品，接著就要他們接受並付款了。

市井酒樓當然不乏名酒，如豐樂樓的眉壽酒、忻樂樓的仙醪酒、和樂樓的瓊漿酒、遇仙樓的玉液酒、會仙樓的玉醑酒、時樓的碧光酒、中山園子店的千日春、高陽店的流霞酒、清風酒和玉髓酒、薑宅園子正店的羊羔酒、梁宅園子正店的美祿酒、楊皇后園子正店的法清酒……這些酒都是低酒精的糯米酒與果酒，在汴京城欲款待嘉賓，往正店一坐，絕不會錯失品嘗好酒好菜的機會。

京城中最繁華的「樊樓」是百年老字號，有上好佳釀如壽眉酒、和旨酒。從樊樓每天上繳的酒稅就上達兩千錢，每年銷售的官酒五萬斤，便可見其規模之盛大。樊樓一天可接待一千多名客人，其建築「三層相高，五樓相向，各有飛橋欄檻，明暗相通，珠簾繡額，燈燭晃耀」，在夜晚時分搖身成為燈火通明的酒吧。詩人劉子翬就寫過一首〈汴京紀事詩〉：「梁園歌舞足風流，美酒如刀解斷愁。憶得少年多樂事，夜深燈火上樊樓。」自述其年少時候在夜深時分登上燈火燦爛的樊樓，飲酒、賞樂舞的往事。

《水滸傳》曾提到汴京夜晚十分熱鬧，如同白天的太陽四射。許多情節背景同樣發生在樊樓：「轉過馬行街來，家家門前紮縛燈棚，賽懸燈火，照耀如同白日，正是樓臺上下火照火，車馬往來人看人。四個轉過御街，見兩行都是煙月牌，來到中間，見一家外懸青布幕，裡掛斑竹簾，兩邊盡是碧紗窗，外掛兩面牌，牌上各有五個字，寫道：歌舞神仙女，風流花月魁。」

〈清明上河圖〉孫羊正店

宋江見了，便入茶坊裡來吃茶，問茶博士：「前面角妓是誰家？」茶博士：「這是東京上廳行首，喚做李師師。」又云「出得李師師門來，穿出小御街，徑投天漢橋來看鼇山。正打從樊樓前過，聽得樓上笙簧聒耳，鼓樂喧天，燈火凝眸，遊人似蟻。宋江、柴進也上樊樓，尋個閣子坐下，取些酒食肴饌，也在樓上賞燈飲酒。」

瞧！樊樓可以盡享鑼鼓喧天的歌舞熱鬧，有吃有喝亦有賞燈之樂，是不是非常值得一逛？又因為樊樓至三層挑高，以致登上頂樓後便可以「下視禁中」，也就是一眼望見皇城之內，搞得宋朝皇帝沒什麼隱私可言啊！後來為了皇城的安全考量，政府便禁止客人登上樊樓中可俯視大內的西樓；而《水滸傳》的底本《大宋宣和遺事》也提到樊樓「上有御座，徽宗時與李師師宴飲於此，士民皆不敢登樓。」這或許也是禁止西樓對外開放的原因。

《水滸傳》描繪出百姓們在夜晚仍笑鬧歡快的城市景象、燈火通明的店家，以及當時最有名的歌伎李師師也在此登場。

一進樊樓，馬上就有人招呼座位、幫忙點菜，想吃喝什麼，請隨便點：「客坐，則一人執箸紙，遍問坐客。都人侈縱，百端呼索，或熱或冷，或溫或整，或絕冷、精澆、膘澆之類，人人索喚不同。」飯店提供的菜品種類繁多，應有盡有，「角炙腰子、鵝鴨排蒸、荔枝腰子、還元腰子、燒臆子、入爐細項、蓮花鴨簽、酒炙肚胘、虛汁垂絲羊頭、入爐羊、羊頭簽、鵝鴨簽、雞簽、盤兔、炒兔、蔥潑兔、假野狐、金絲肚羹、石肚羹、假炙獐、煎鵪子、生炒肺、炒蛤蜊、炒蟹、炸蟹、洗手蟹……不許一味有缺」；「須臾，行菜者左手杈三碗、右臂自手至肩馱疊約二十碗，散下盡合各人呼索，不容差錯」。上菜速度快，可增加翻桌率，而且「不許一味有缺」、「不容差錯」可見得飯店對於菜色和服務精神上的嚴格自我要求。

身為餐飲服務業指標，樊樓人員的服務也很體貼周到，「凡下酒羹湯，任意索喚，雖十客各欲一味，亦自不妨。」夥計若是服務不周而被客人投訴，有可能被扣工資或炒魷魚，「一有差錯，坐客白之主人，必加叱罵，或罰工價，甚者逐之」，這使得宋朝各大餐廳均堅持極高的服務品質。

高級酒樓使用的器皿自然珍貴，「每樓各分小閣十餘，酒器悉用銀，以競華侈」、「雖一人獨飲，碗遂亦用銀盂之類」，一群人或一個人上門都能感到賓至如歸。吃喝之餘，還可以請位歌伎彈唱，「向晚燈燭熒煌，上下相照，濃妝妓女數百，聚於主廊檐面上，以待酒客呼喚，望之宛若神仙。」美酒加上音樂，人間樂事大抵如此。

平價酒店：腳店

《東京夢華錄》是這麼描述腳店的：「正店酒戶，見腳店三兩次打酒，便敢與借三五百銀器，以致貧下人就點呼酒，亦用銀器供送。」這裡我們可以看到兩個現象，一個是腳店附屬於正店之下，另一個則是即便不是最高級的正店，人們在腳店還是會使用「銀器」為食具。

宋朝宵禁制度逐漸消失後，夜市的繁榮熱鬧可想而知。到了晚上，在腳店門口的方柱箱內點上蠟燭，瞬間成了「宋朝霓虹燈」，整個夜晚閃耀不停。

腳店的特色是臨時歇腳的小型酒店，政府不許腳店私自釀酒，若需釀酒得向「正店」購買酒麴。腳店供人片刻休息、飲酒、吃飯，價格親切。在〈清明上河圖〉中，可以看到一名外賣小哥在腳店外，一手拿著食物、一手拿著筷子，正準備往他地送餐。由此可知當時各家餐廳的食物皆可自由流通，不會因為同行而相忌。這便是有錢大家賺的宋朝飲食日常。

〈清明上河圖〉腳店

按酒：下酒菜

吃飯喝酒乃宋人一大享受，但若你不想大魚大肉，只想吃些小食，那麼可以選擇吃些「按酒」，也就是下酒菜！梅堯臣〈文惠師贈新筍〉：「煮之按酒美如玉，甘脆入齒饞流津。」其中的「按酒」就是指各式下酒菜；蘇軾〈赤壁賦〉所說的「肴[1]核[2]既盡，杯盤狼藉」也是指簡單的下酒菜而非豪華大餐。

知名按酒項目：軟羊、餺飥、索餅、醃肉條子、紅絲水晶膾、旋炙豬皮肉、餡餅、炊餅。

詩酒趁年華：詩歌中的酒

黃酒

黃酒並非黃色的酒，乃是以穀物作原料，通過酒麴發酵而釀造出來的酒，統稱為黃酒。宋人常用鵝黃、鵝兒黃、琥珀形容黃酒。諸酒色中，色如琥珀的等級最高，因為要將酒釀出清澈的金黃色，需要品質優良的酒麴和精準的釀酒技藝。名酒「香泉」、「天醇」、「瓊酥」、「瓊腴」，都是頂級的鵝黃酒。而色如琥珀的鵝黃酒，宋人喜好配以青白瓷酒器、玻璃酒器，方能「清光妙色相發揮」。

蘇軾：「應傾半熟鵝黃酒，照見新晴水碧天。」

蘇轍：「案上細書憎蟻黑，禁中新酒愛鵝黃。」

陸游：「鵝黃名醞何由得，且醉杯中琥珀紅。」

綠酒

綠酒的綠，是指浮於酒面的酒糟顆粒，因為其色淡綠，故名綠酒。

王安石：「令節想君攜綠酒。」

陸游：「爐紅酒綠足閒暇。」

1. 肴：菜肴
2. 核：瓜果（西瓜、甜瓜、菜瓜、木瓜、蘋果、梨子、桃子）

白酒

酒色為乳白色的米酒（糯米酒）因往往沒有過濾、澄清的工序，酒液略渾濁，又名濁酒；常浮著白色酒渣，又稱為白蟻。

張耒：「社南村酒白如餳，鄰翁宰牛鄰媼烹。」

黃庭堅：「行望酒簾沽白蟻，醉吟詩句入丹楓。」

紅酒

使用紅麴釀造的黃酒，其色赤紅，宋人常常用「真珠紅」形容。酒色赤紅的酒，倒入白瓷酒器或銀酒器，酒色與酒器交相輝映最是動人。

秦觀：「小槽春酒滴珠紅。」

酒器小知識

介紹了各式各樣的「酒」知識，我們接著看宋人的酒器！

酒器的發展象徵著「飲酒」在生活中的重要性和生活的「雅化」，宋人飲酒既重視環境也重視酒器，因此店家必定奉上精美酒器供客人使用。在汴京，若兩人前往飲酒，高級的酒樓會附給客人兩人份的飲食配備：溫碗注子一副、盤盞兩副、果菜碟各五片、水菜碗三五只。

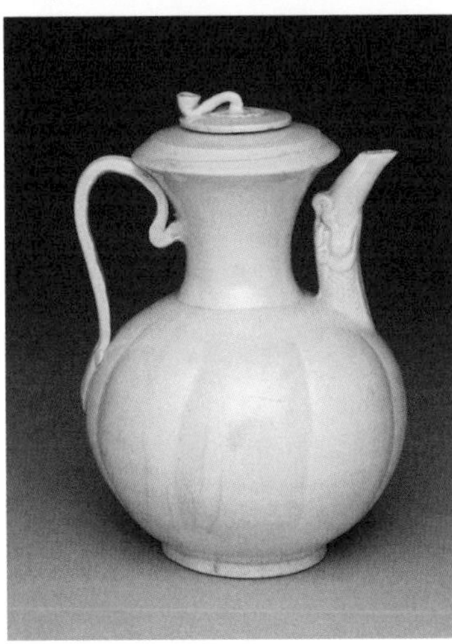

(上) 油滴黑釉玉壺春[3]（注酒器）
(下) 北宋 十世紀 定窯 龍口執壺

3. 玉壺春：最早是宋朝的酒器，後來慢慢成裝飾用的器物。

「三杯兩盞淡酒，怎敵他、晚來風急？」李清照的詞令人無限哀戚，然而跳脫感傷的心情，從詞中我們可以看到宋人飲酒的容器名之為「盞」。

南唐繪畫作品的代表作〈韓熙載夜宴圖〉，由李煜命畫師顧閎中所繪。從圖中可以看到當時的酒器：溫碗注子、酒盞。

宋徽宗〈十八學士圖〉中的酒器更加完備，從畫裡看到溫碗注子、經瓶、酒盞、一般酒杯，其中溫碗注子有保溫作用，在碗中注入熱水、將執壺放入碗中可達到隔水加熱的效果，讓人們隨時可以喝到溫熱的酒。

酒瓶（經瓶）

袁文《甕牖閒評》：「今人盛酒大瓶，謂之『經京瓶』，乃用京師之『京』字，意謂此瓶出自京師，誤也。京字當用經籍之『經』，普安人以瓦壺小頸、環口、修腹、受一斗，可以盛酒者，名曰『經』。則知經瓶者，當用此經字也。」換句話說，宋朝的酒瓶謂之經瓶，但到了明清之際，改稱「梅瓶」。

喝酒要玩小遊戲

想想《水滸傳》中的好漢們或者行走各地的商人、付出勞力的工人們，他們不需要慢條斯理的飲酒，用個大碗豪邁喝酒也是痛快！

飲酒作樂乃人間至樂，古今皆同。當宋人遇上了酒，他們有哪些助興的遊戲呢？

歐陽脩的酒與詞

歐陽脩〈浪淘沙〉：「把酒祝東風，且共從容。垂楊紫陌洛城東。總是當時攜手處，遊遍芳叢。聚散苦匆匆，此恨無窮。今年花勝去年紅。可惜明年花更好，知與誰同？」酒，在歐陽北北豔麗的詞中經常發揮推波助瀾的效果。

歐陽脩在當揚州市長的時候，每年四月或六月天氣晴朗時，他都會找幾個好友到平山堂喝酒聚會玩遊戲，同時不忘請來幾位歌伎跳舞助興。其中有一個飲酒的遊戲，是把剛剛採來的荷花插進盆子，由歌伎傳遞剛採來的荷花，一人摘下一片花瓣、依次傳遞，最後一人無條件飲酒一杯。

(上)〈韓熙載夜宴圖〉局部
(下)〈十八學士圖〉

這遊戲真的好玩嗎？別忘了，場合與氣氛才是最重要的！

還有一次，歐陽脩又以酒令耍了一大票朋友。邢居實《拊掌錄》：「歐陽公與人行令，各作詩兩句，須犯徒以上罪者。一云：『持刀哄寡婦，下海劫人船。』，一云：『月黑殺人夜，風高放火天。』歐云：『酒粘衫袖重，花壓帽檐偏。』或問之，答云：『當此時，徒以上罪亦做了。』」

謫居滁州時，歐陽脩辦了里民同樂會。這時他發明了飲酒遊戲「九射格」，九射格內的動物：靶心為熊，上為虎，下為鹿，右為鵰、雉、猿，左為雁、兔、魚，共九種動物；各動物均配有酒籌，凡射中者須按酒籌指定的內容進行活動或飲酒，盡享觥籌交錯之樂。

該說歐陽童心大起嗎？他因政爭而遠離政治中心、他提攜後進使其文壇霸主永垂不朽且被所有後生晚輩尊崇、他的文章富有滿腔儒家情懷，只是在仕途上不算順暢。縱然如此，歐陽脩依然抱著赤子之心，痛快地與民同樂。怎能不叫人欣賞！

投壺

投壺是流傳極為久遠的娛樂，原是春秋時代貴族們的遊戲，後來逐漸流傳至民間。到了宋朝，男女老幼都能投壺時卻出現了一位老先生，他認為這是一項具有「古禮」的活動，怎可讓眾人隨意取樂呢？於是他進行了一系列的投壺運動改革，還幫新的遊戲規則寫書，名為《投壺新格》，這下可好，想玩的人瞬間大幅減少！

這個人就是司馬光！他看著《禮記》中的投壺，左思右想、苦惱萬分，決定全面、徹底地改變投壺玩法。原來是挺歡樂的遊戲，投進「貫耳瓶」內即可得分，雖然現今看來實在不怎麼樣，但司馬光著實將它變得更不怎麼樣了！

原本大夥開心，投進哪一格、算幾分都可以隨心所欲，畢竟喝酒、作樂本是不拘小節的事，何況投壺在平常日就可以玩，實在無須太多規矩。不過司馬北北還是有他的堅持，希望透過新的規定讓儒家傳統遊戲得到新生。

酒令大會

歐陽脩的學生、知己、忘年交——蘇軾，和他的老師一樣有顆赤子之心。不得不說他是鬼靈精，更是絕頂聰明！有一次蘇軾和朋友們吃飯喝酒，行個酒令是免不了的。大家出了題目，獲勝者可獨得整桌菜餚。

主題：酒令大會

與會者：七人

酒令內容：歷史人物和事件，行完令可獨得菜餚。

一曰：「姜子牙渭水釣魚」，捧魚一盤；

一曰：「秦叔寶長安賣馬」，馬肉一份；

一曰：「蘇子卿貝湖牧羊」，羊肉一盤；

一曰：「張翼德涿縣賣肉」，大口吃肉；

一曰：「關雲長荊州刮骨」，骨頭亦啃；

一曰：「諸葛亮隆中種菜」，青菜一盤。

最末一人曰：「秦始皇併吞六國」，獨攬整桌佳餚。

這最後一人是誰，可想而知當然是蘇軾了！

(左上)宋 官窯 青瓷貫耳壺
(右上)宋 官窯 灰青貫耳弦紋壺
(左下)南宋 龍泉窯 青瓷弦紋貫耳壺
(右下)南宋 龍泉窯 青瓷貫耳弦紋壺

宋人喝茶大學問

宋朝有「四雅」：茶、花、畫、香。

「燒香點茶，掛畫插花，四般閒事，不許戾家。」戾家是外行人的意思。換句話說，宋人對四雅有其堅持，但我們從許多文獻紀錄或者畫作中可以發現，整個宋朝都是四雅的跟從以及欣賞者，只要有閒暇功夫和興趣便可成為四雅成員之一。

說穿了，這是一股從皇宮蔓延至市井，不分男女老幼與職業身分的大宋風潮。在宋朝，不管是文人雅士或者販夫走卒，都離不開這些生活中的情調。

換言之，真的有戾家嗎？事實上，這樣雅致的日子是全民日常，並非不食人間煙火之事，市井小民照樣可以過著饒富雅興的小日子。

飲茶風氣盛

「茶興於唐，而盛於宋」，茶文化原本並非普及於社會各個階層，是到了宋朝的時候，「茶」才成為每個人的享受、居家生活休閒時的好夥伴。

在宋朝，「茶事」不是任何一人的專利，從皇帝到士大夫，連普通百姓都熱切投入。從太宗初年建立北苑官焙茶園開始，宋朝的茶文化體系便逐步展開並臻於精細，並且逐步走入民間。於是，飲茶、鬥茶者不必是文人雅士，路邊的攤販或小廝也可以和你鬥上一鬥。飲茶已從「雅」走進「世俗」，成為人們普遍的生活習慣。

想飲盞茶？隨時歡迎！

《東京夢華錄》提到當時到處都是茶坊、茶肆、茶樓的模樣，朱雀門外，「以南東西兩教坊，餘皆居民或茶坊，街心市井，至夜尤甚。」在沒有宵禁且夜生活無比熱鬧的宋朝，不分時辰、不分地區，從早到晚都是喝茶的好時光。

當時有些茶坊、茶肆，好比俞七郎茶坊、郭四郎茶坊、車兒茶肆、連二茶坊、連三茶坊……想飲茶的話，隨時隨地都可以大方地走進茶坊裡，完全不擔心身分位階的限制。這種不特意區分人民貴賤的現象，在宋朝以後才成為常態。

若真的要細分這些茶坊茶樓到底有何不同，那便是這兒是文藝青年聚集之處，又或者是花花公子來往之所了。車兒茶肆是士大夫聚集所在；郭四郎或俞七郎茶坊便是提供歌伎、舞伎的茶樓，格調上似乎稍微酒色財氣了一點，但仍不失風雅，畢竟當時人們喊這樣的茶樓為「花茶坊」，也算是給了一個有情調的好名字。

到了晚上，忽然好想飲茶的夜歸人怎麼辦？別忘了宋朝沒有宵禁，保證有茶坊可讓你登門飲個盡興；若只想簡單飲上一口，找到路邊的鬥茶小販就能立刻解決你的渴。

宋朝將鬥茶小販叫「提瓶茶人」，顧名思義，就是提著吃飯傢伙、四處供人飲茶的小販。這些提瓶茶人提供準備上大夜班、剛下晚班的人們即時的溫暖。

宋人點茶真功夫

江休復《嘉佑雜誌》記錄了一段蘇軾與蔡襄鬥茶的故事：兩人鬥茶輸贏的關鍵就在「水」，文中說到：「蘇才翁嘗與蔡君謨鬥茶，蔡茶精，用惠山泉；蘇茶劣，改用竹瀝水煎，遂能取勝。」蘇軾此番鬥茶鬥贏蔡襄，憑藉的不是茶優，而是水質好。蘇軾「茶劣」，但取惠山寺後山清泉，再用竹子瀝過，使水質更顯清冽，爾後湯色、滋味皆更勝一籌。由此可見泡茶選水的重要性。

另外，「燒水」也是關鍵。宋人點茶不用鐵鍋而用瓷瓶燒水，宋人叫它「砂瓶」，因耐高溫，可以直接架在炭火上烤。由於瓶壁是不透明的，所以看不見水開，只能聽聲。「聽聲辨水」，是宋朝茶藝界的絕活。

蔡襄在茶道上有很高的成就，他在福建主政時改良貢茶並發明一款精美的小茶磚，叫做「小龍團」。這種小茶磚流入市場後幾乎跟黃金等值，一兩茶能換一兩黃金。蔡襄還撰寫了一部茶文化經典《茶錄》，提到各項茶文化的特色與專業之處。如其評論點茶，「黃白者受水昏重，清白者受水詳明，故建安人鬥試，以清白勝黃白。」點出宋人對於茶色尚白的追求；發展至宋徽宗時，他又再度細分茶色：「以純白為上真，青白為次，灰白次之，黃白又次之。」

而「點茶」再延伸至「分茶」，又是一條漫長的道路了。

點茶是宋人雅致生活的象徵。首先將團餅經炙茶後碾磨成粉末狀，再用篩羅分篩出細膩茶粉投入茶盞中，用沸水沖點、用茶筅快速擊打，使茶與水充分交融，茶盞中出現大量白色茶沫為止。蘇軾〈送南屏謙師〉：「道人曉出南屏山，來試點茶三昧手。忽驚午盛免毛斑，打作春霞鶫兒酒。天臺乳花世不見，玉川風腋今安有。先生有意續茶經，會使老謙名不朽。」其中「三昧手」說的就是點茶能手。

點茶後的「咬盞」又更重要，《茶錄》記載：「湯上盞可四分則止，視其面色鮮白、著盞無水痕為絕佳。建安鬥試以水痕先者為真，耐久者為勝。故較勝負之說曰：相去一水、雨水」。指出鬥茶關鍵在於「咬盞」，意即「茶末吸附茶盞」的狀態；蘇軾說

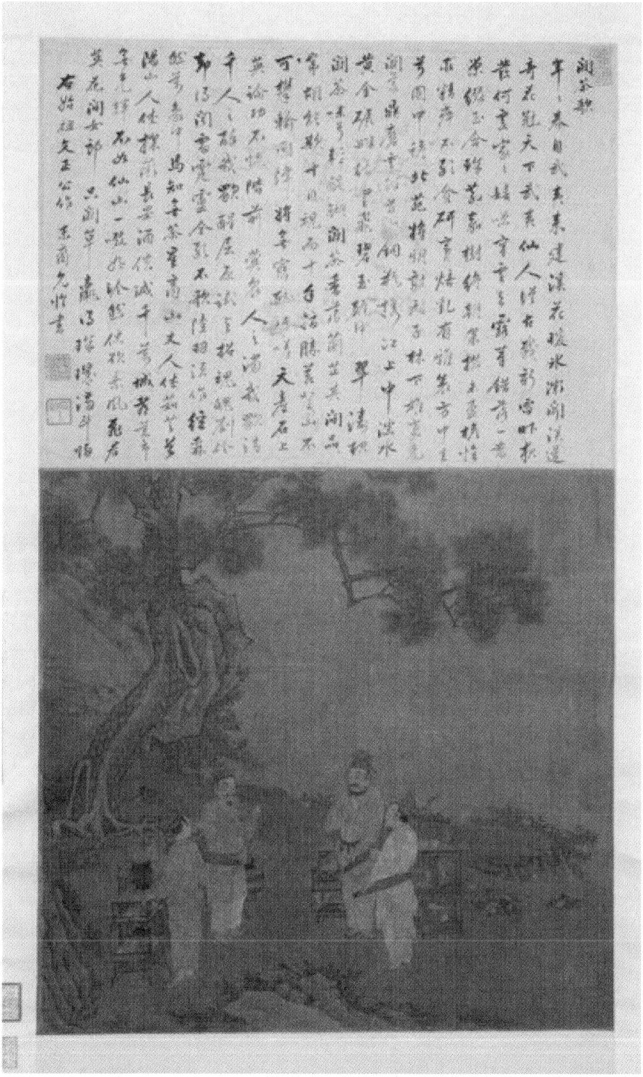

劉松年〈鬥茶圖卷〉

的「雪沫乳花浮午盞」指的也是茶末咬盞的現象。宋徽宗《大觀茶論》說明咬盞特色：「乳霧洶湧，溢盞而起，周回凝而不動，謂之咬盞。」精於茶事者，點茶時打出乳白色茶沫，且茶湯表面泛起的湯花，能較長時間「咬住」杯盞內壁，是為高人！

一群好友鬥茶，茶點得好、咬盞咬得佳，之後若能精妙的「分茶」——又稱為「湯戲」、「茶百戲」，那就真是一等一的茶道能手了。

看似簡單工序的點茶過程，其中包含了不少步驟：

1. 炙茶：取出茶餅，放在微火上稍作炙烤，去除水分。
2. 碎茶：將茶餅用乾淨的紙密密包裹起來，放在木質茶臼裡搗碎。
3. 碾茶：把敲碎的茶塊放入碾槽或石磨中，快速將其碾成粉末。
4. 羅茶：磨好的茶粉放入羅絹做的篩網裡，細篩到絕細。
5. 置盒：將篩好的茶末置入盒中保存。

點茶階段：

6. 入盞：用活水燒至第二沸，沖滌茶盞，趁著茶盞還有溫度時撥入茶粉。
7. 注湯：用執壺注入少量的水，先將茶粉調成均勻的茶膏。
8. 擊拂：一邊注水，一邊用茶筅擊拂茶湯，使茶湯出現穩定而持久的泡沫。

9. 置托：湯花呈現出美麗顏色之後，將茶盞置於漆器或同材質茶托之上。

10. 擊拂：是點茶的關鍵，用茶匙或茶筅、茶筋等工具攪動茶湯，使它產生餑沫，乃至咬盞掛杯，幻化出花草蟲魚之類的現象。「茶匙要重，擊拂有力，擊拂無力，茶不發力。」宋徽宗認為要注湯擊拂七次，每一次需要使用的力度和方式都不一樣，直到濃度適中、乳花洶湧為止。

現代版拉花

點茶法使飲茶變得有娛樂性，鬥茶又促使點茶的技藝不斷創新。北宋末年，便形成一種在茶湯中呈現出文字和圖像的技藝——分茶。

分茶又被稱作「茶百戲」，用點茶的技藝，使茶湯在瞬間中顯現出文字或圖像。分茶高手能使茶面呈現各色鮮活圖案，就像一幅幅丹青水墨畫，因此也被稱為「水丹青」，彷彿現代版的拉花。

劉松年〈攆茶圖〉

黑釉茶盞最受歡迎

宋朝茶碗多稱為盞。盞，是小杯的意思，也作琖，是一種比碗小的器皿，亦稱碗，宋朝文獻稱為甌。

宋朝鬥茶以茶湯乳花純白鮮明、著盞無水痕或咬盞持久、水痕晚現為勝，完全由視覺感官來驗定。因此，茶盞以易於觀察茶色、水痕為宜。黑釉瓷茶盞最適合鬥茶之需，「茶色白，宜黑盞。建安所造者，紺黑如兔毫。其青白盞，鬥試家自不用。」從蔡襄的《茶錄》可看出，由於飲茶方式和審美趣味的變化，曾讓陸羽難以評斷高下的青瓷、白瓷茶碗，到了宋朝，不得不因「黑白分明」之故將茶盞寶座讓給黑瓷了。

由於黑釉茶盞能明顯煥發茶色，宋代各地窯場生產黑瓷者甚多。宋朝黑釉瓷燒造工藝獲得極大的發

(左)盞黑釉兔毫盞(右)瑪瑙帶托葵花式茶

展，燒製技術日臻成熟，使得黑釉呈現出兔毫紋、鷓鴣斑紋、油滴釉、玳瑁釉、剪紙漏花、樹葉紋等特殊的肌理效果和紋飾。尤以建窯黑盞盛極一時，吉州窯黑釉茶盞也很有名；玳瑁釉茶盞吉州窯遺址位於今江西省吉安縣永和鎮，除建窯外，是宋代另一以生產黑釉茶盞著稱的名窯，兩窯代表了宋朝黑釉茶盞的最高水準。

宋徽宗的《大觀茶論》

宋朝頭號文藝青年宋徽宗愛茶、精於茶道，所撰寫的《大觀茶論》詳談製茶之法和點茶真韻，成為宋朝茶書經典。

《大觀茶論》總結了三個選擇茶餅的標準：

第一、色瑩徹而不駁。從色澤上來辨別茶餅的品質，若是茶餅顏色通透純粹，均勻自然，擁有琉璃般的光澤，並無夾雜其他顏色，才能稱為好茶餅。

第二、縝繹而不浮，舉之凝結。從茶餅質地分辨其好壞，好的茶餅質地鬆密，空氣可在茶餅內流通，但不會鬆散，拿在手中也有一定的分量。

第三、碾之則鏗然。用聲音來辨別茶餅的好壞，用器具從茶餅上碾過去時，會發出如敲擊金石般清脆的聲音。要達到這個標準，茶餅要緊湊乾燥，反之聲音會很嘈雜。

除了宋徽宗以外，當代文人們也將茶藝當作生活中極高的享受，上層社會皆以烹茶為風尚。南宋一位叫張約齋的雅士，寫了一篇〈張約齋賞心樂事〉，文章列舉了一年四季中的賞心樂事，其中三月季春最賞心之事，是「經寮鬥新茶」；十一月仲冬最賞心之事，是「繪幅樓削雪煎茶」。許多宋朝文人也都撰文、著書述說茶道，如蔡襄著有《茶錄》，黃儒著有《品茶要錄》，周絳著有《補茶經》，在在顯示宋朝看重茶藝的程度。

第四章

帝王引領的藝文大宋

花花世界在大宋

簪花

古代男子很早就有簪花的習慣，在頭上插一堆花是生活情趣，一整個風雅！

宋朝是愛簪花的時代，從皇帝到百姓都是簪花擁戴者。「元豐中神宗嘗幸金明池，是日洛陽適進姚黃一朵，花面盈尺有二寸，遂卻宮花不御，乃獨簪姚黃以歸。」、「後曲燕宜春殿，出牡丹百餘盤，千葉者才十餘朵，所賜止親王、宰臣，真宗顧文元及錢文僖，各賜一朵。」可以看出宋朝的皇帝是出了名的好賞花、簪花，賜花給眾臣。花心大宋，蓋章確認！

宋人無論士庶、男女老幼都以簪花為時尚，「雖貧者亦戴花飲酒相樂」、「婦人簇戴，多至七插，所值數十券，不過供一餉之娛耳」。在重大的節日場合，簪花變成了一種身分地位的象徵，而在一般的日子裡，簪花是一種生活中的小確幸。

司馬光說他小時候「二十忝科名，聞喜宴獨不戴花。同年曰：君賜不可違也。乃簪一花。」多半是因為司馬北北不喜歡這種因為功名利祿附加的繁文縟節，否則看他出去玩的樣子：「攀條時揀繁枝折，不插滿頭孤此心。」當然那時他的年紀也大了，加上黨爭心好累，插滿頭花解解悶是應該的。

有個著名的趣談，講的是一眾文人都當上大官的故事，而他們的幸運物便是頭上所簪之花。「紅葯而黃腰，號『金帶圍』。初無種，有時而出，則城中當有宰相。韓魏公為守，一出四枝，公自當其一，選客具樂以賞之。時王岐公為倅，王荊公為屬，皆在席。缺其一，莫有當之者。會報過客陳太博入門，亟召之，乃秀公也。酒半，折花歌以插之。四公後皆為宰相。」這段話講的是，同一個時間點、同一個地方都簪花的四位文人：韓琦、王珪、王安石、陳升之，這四人連續在後來的三十年中先後成為宰相，彷彿印證了簪花的好兆。

這就是「四相簪花」故事，也反應了不分你我、眾人簪花的大宋。

熙寧五年五月，蘇軾任杭州通判，他和一群好友到吉祥寺賞牡丹，賞花到了興會處免不了飲酒助興，面對眼前的良辰美景，蘇軾吟出了這首詩：「人老簪花不自羞，花應羞上老人頭」，意思就是「你們搞黨爭是吧！有問題的都是你們，才不是我咧！」

蘇軾的好友黃庭堅，除了是個稱職貓奴以外，也是簪花愛好者。他想著是該退出職場另謀江湖出路的時候，填了〈南鄉子〉一詞：「諸將說封侯，短笛長歌獨倚樓。萬事盡隨風雨去，休休，戲馬臺南金絡頭。催酒莫遲留，酒味今秋似去秋。花向老人頭上笑，羞羞，白髮簪花不解愁。」這種不解愁的文字想必是從坡哥那兒奪胎換骨而來。但坡哥可沒這麼想，庭堅應該是心好累才會有這樣的感嘆吧！要是他有坡哥的幾分真情和曠達，或許就不會休休又羞羞了。

待蘇軾有恩的歐陽脩也是簪花愛好者，頭髮都白了，依然熱中此道。那時他在潁州做官，寫下「白髮戴花君莫笑，六么催拍盞頻傳。人生何處似樽前！」試想，一位滿頭白髮的老先生，頭戴鮮花、樂舞相伴、輕鬆飲酒，是件多麼快活自在的事。

既然從皇帝到百姓都愛簪花，自然得說說《水滸傳》了。梁山好漢個個性情中人，「路見不平一聲吼」，面對奸惡之人眼都不眨一下，立刻取了那賊廝的性命。但這並非意味他們僅僅是一群粗野莽漢，事實恰恰相反，我們可以從許多小地方看出他們極有生活情調，好比熱中簪花！浪子燕青是「鬢畔常簪四季花」；綽號「短命二郎」的阮小五一出場便是「鬢邊插朵石榴花」；病關索楊雄則「鬢邊愛插翠芙蓉」。

這一朵朵簪在英雄好漢頭上的嬌嫩鮮花形成的強烈反差萌，或許象徵人們心中自有

蘇漢臣〈貨郎圖〉

其剛強與柔軟並存之處，而在如此經典文學中見到的可愛細節，往往才是人生中最真實的一面。

插花熱

宋人非常認真追求生活品質，為了替居家生活、商店買賣妝點情調，「插花」遂風靡全國。一年四季要搭配各式不同花卉，從桃花到荷花、從桂花到梅花；從富貴人家的宅院到小家碧玉的閨房，都可以看到各種鮮花。

每天插花還不夠，宋人搞了一個一年一度的「花朝節」。《夢粱錄》記載：「仲春十五為花朝節，浙閩風俗，以為春序正中，百花爭放之時，最堪遊賞。」從這裡我們可以看到宋人從內到外的「花心」，當然這和經濟實力有極大的關係，不過在宋朝，買花、插花、簪花都不是花大錢的事，更何況「上有所好，下必從之」，連皇帝都對花草世界充滿熱情，百姓們當然就自然而然地跟從了。

歐陽脩在〈洛陽牡丹記〉寫道：「洛陽之俗，大抵好花。春時城中無貴賤皆插花。」好花當然不只是洛陽之俗，歐陽北北不過是以洛陽對照全國以形容宋人對花的熱愛，除了文人以外，百姓才是最大宗的購買主力！從商家、小販、臨時擺攤的小哥、酒樓、茶肆全都在能見之處插上幾盆花，倒不是要特別營造浪漫氣氛，這不過是宋人習以為常的生活罷了！

《夢粱錄》還說到：「汴京熟食店，張掛名畫，所以勾引觀者，流連良客。今杭城茶肆亦如之，插四時花、掛名人畫，妝點門面。」可見插花這事在宋朝流傳已久，且花與畫常常無法分割，都是吸引文人雅士久留的好方法。

到了端午前後，那更是家家戶戶大肆插花的好時節，既可消暑避蟲，見到滿眼鮮花後更是心曠神怡。《繁勝錄》這樣形容端午節：「初一日，城內外家家供養，都插菖蒲、石榴、蜀葵花、梔子花之類。」便可看出宋人除了「花藝之美」外，對花種的追求也是很高的。

至今為止，我還沒有發現哪一個朝代比宋人更「花心」。他們妝點的不只是門面，更重要的是宋人有著對生活態度的熱情，花心也花得如夢似幻！

宋人愛畫畫

宋朝文人的廳堂樓閣，常掛著名家書畫；每遇雅集、文會、博古聚會之時，亦會展掛出平日收藏的書畫供文友鑒賞。這個過程就叫做「掛畫」。

掛畫並非文人專利，我們看看宋朝的酒店、茶坊與客店，也流行以名人書畫裝飾房間，這個裝修風格還是從汴京流行起來的風潮。耐得翁《都城紀勝》寫道：「大茶坊張掛名人書畫，在京師只熟食店掛畫，所以消遣久待也。今茶坊皆然」；吳自牧《夢粱錄》記載：「汴京熟食店，張掛名畫，所以勾引觀者，留連食客。今杭城茶肆亦如之，插四時花，掛名人畫，裝點店面。」也就是吃喝同時也能夠賞畫，這一賞也許就從中午賞到了晚上。

在宋朝，從書房到餐廳都是掛畫的好所在。

宋朝文人集團眾多，蘇軾和他的文友、學生都以掛畫為樂，與蘇軾要好的王詵，熱中「藏古今法書名畫，常以古人所畫山水置於几案、屋壁間，以為勝玩。」從上述宋人對掛畫的評價中，我們可以得知宋人還開始流行「博古」，也就是熱中於鑑賞古董、藝

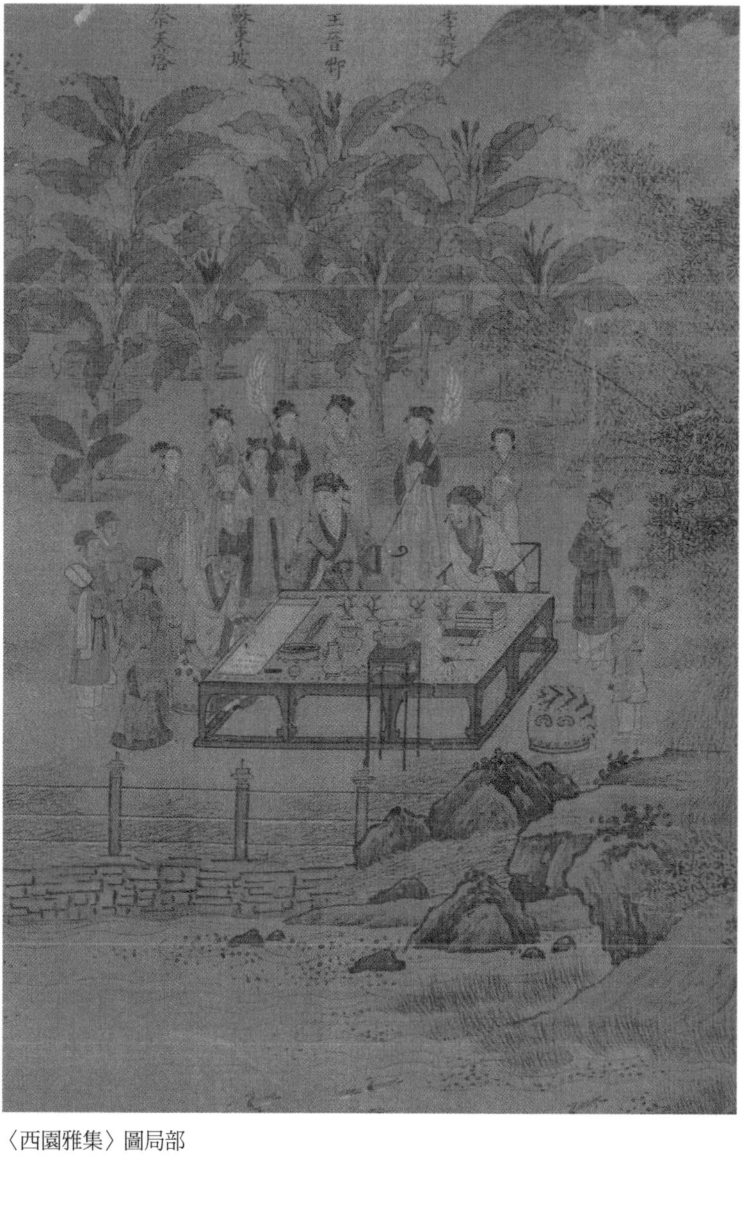

〈西園雅集〉圖局部

術品，或把玩或放置家中收藏，對「古」的愛好和收集到臻於成熟。

元豐初，王詵曾邀同蘇軾、蘇轍、黃庭堅、米芾、蔡肇、李之儀、李公麟、晁補之、張耒、秦觀、劉涇、陳景元、王欽臣、鄭嘉會、圓通大師共十六人一同遊園。文人們會在一起寫字、賞畫、賞花、品茶、論事、賞玩古董，此聚會稱為「西園雅集」。

掛畫的藝術

宋人趙希鵠撰寫的《洞天清錄》介紹掛畫別有洞天之處：「擇畫之名筆，一室止可三四軸，觀玩三五日別易名筆。則諸軸皆見風日，決不蒸濕。又輪次掛之，則不惹塵埃。時易一二家，則看之不厭。然須得謹願子弟，或使令一人細意卷舒，出納之日，用馬尾或絲拂輕拂畫面，切不可用棕拂。室中切不可焚沉香、降真、腦子、有油多煙之香，止宜蓬萊箋耳。窗牖必油紙糊，戶常垂簾。一畫前，必設一小案以護之。案上勿設障面之物，止宜香爐、琴、硯。極暑則室中必蒸熱，不宜掛壁。大寒於室中漸著小火，然如二月天氣候，掛之不妨，然遇寒必入匣，恐凍損。」

意思是：我收藏的畫都是珍寶，一個房間只可以掛三到四幅畫，房內濕度要掌控得很好才行！每一幅畫輪流巡迴演出，這樣就不會因為掛太久而沾上塵埃。如果要清理畫上的微塵，要用馬尾或絲拂很輕很輕地掃過；房間不可以點濃厚的香氛，若天氣太冷要在房中燃小火保護畫，這樣大家懂了嗎！

確實繁瑣，但這是極重要的生活情調啊！

宋朝自寫真：自拍老祖宗

現代人愛自拍留念，千年前的宋人也是如此。他們的「自畫像」稱為「自寫真」，自寫真可謂自拍始祖。

蘇軾曾腦洞大開地替自己畫自畫像，他照著自己映在牆壁上的影子，一筆一筆勾勒出形象：「嘗於燈下顧見頰影，使人就壁畫之，不作眉目，見者皆失笑，知其為吾也」，在我看來，蘇軾這段話其實隱藏了頗深的黑色幽默：「我只有形影，沒有眉目。就像無臉人一般地存在卻也不存在。」這或許是他屢遭謫遷、恍惚之間的自嘲以及自娛娛人吧。

不僅蘇軾，宋朝文人都熱愛「自寫真」！他們還喜歡在肖像畫題上幾句「畫像贊」以自我評價。蘇軾〈自題金山畫像〉說自己「心似已灰之木，身如不繫之舟。問汝平生功業，黃州惠州儋州。」自述一生、感慨一生、笑看一生，然而他這一番看似「心灰意冷」的功業，卻帶給後世永恆不朽的文學和藝術光輝。

和蘇軾個性迥異的蘇轍潛居潁濱以後，最大的樂趣就是替自己打造一場自寫真之旅。退休後，蘇轍過著農夫漁民的生活，生活頗為閒散。但某天他忽然想到今天是他的自寫真之日，立刻精神抖擻的把自己打扮成一名道士，歡樂出門準備走入畫中。完成這組道士系列寫真後，他替自己寫了「畫像贊」：「心是道士，身是農夫。誤入廊廟，還居里閭。秋稼登場，社酒盈壺。頹然一醉，終日如愚。」意思是：我喜歡在當完農夫後把自己灌醉，躺在沙發上癡癡地看著畫像催眠自己：「我乃林中雅士，頭戴烏巾、身穿道袍、策杖而行，悠閒悠哉地漫步在竹林之濱。」這是蘇轍的自嘲兼自省：「我就是誤入政治叢林的農夫，現在只想當酩酊大醉的道士。」

宋徽宗也愛「自寫真」

身為宋朝最優秀的藝術家兼皇帝，宋徽宗相當有前瞻性的考量到自寫真早晚會過時，不如找人替我從旁畫像，記錄下我的生活狀態吧，徽宗堪稱「側拍」始祖！

於是他找了梳化師，將頭髮梳成道士模樣，再換上帥氣的道袍，並上了一點紅潤淡妝。前置工作完成後，宋徽宗隨即想到畫面的平衡和構圖的精準是成就一幅好畫的重

〈聽琴圖〉

點，於是他在心裡默默規劃全新的側拍場景，並找來蔡京和童貫一起入畫。為追求畫面自然與協調，畫師要求蔡京和童貫一人一個石墩左右對坐，服裝師替童貫準備青衣、畫師要他自然的抬頭仰望；蔡京穿上紅袍、畫師則要他以側臉加上低頭看著腳尖，別忘了眼神中要蘊藏著舒緩氣息。

這幅側拍圖完成後，名為〈聽琴圖〉，還配了首詩：「吟徵調商灶下桐，松間疑有入松風。仰窺低審含情客，似聽無弦一弄中。」顯示就算是設定好的側拍，也得做足全套才夠味！

既然諸多文人均喜好自寫真，自然就會有一群畫師出現。李公麟、米芾、元靄、陳懷立……他們在意的多半是繪其「神」而非繪其「形」。唯有「神」才是一個人的精神思想以及人生態度；若只論「形」未免流於庸俗，但若可「形神兼備」則確實為上乘之作！

這些自寫真當中，更重要的是文人藉此反映出他們的生活狀態和心境樣貌，這也讓後人對畫筆下的宋朝又多了一分親切。

美圖始祖

論起形神是否兼備，就不得不提到美圖始祖元靄。元靄根本不在乎什麼神不神，形才是最重要的啊！元靄每次完成人物畫之後，就會從懷裡摸出一塊神秘小石頭，再慢慢將其研磨出肉色的粉末，仔細的一點點塗染在人像肌肉上，例如加強蘋果肌、拉長下巴、修掉嬰兒肥，據說這手動美圖的效果極為美觀。

有次他在御書院給宋太宗畫畫，一群太監閒來無事便在一旁觀看。一個小太監看到元靄那塊神秘小石頭的美顏效果後大感驚奇，竟偷偷給順走了。

元靄的神秘小石頭平空消失讓他相當驚慌，但是他不知道順手牽羊的人到底姓啥名誰，只好憑著微弱的記憶把小太監的樣子畫了出來。由於沒有任何美圖後製，使得小太監的長相變得十分真實，這才順利將人給找了出來。

柳開曾經幫元靄的自拍按讚，他說：「他人寫真，能寫他人，靄公自寫，如他人也。」

黃庭堅

咦，這是讚美嗎？

黃庭堅也是修圖魔人，他愛自寫真也愛修圖。修圖修上癮的他曾經將一張自畫像修了五次。黃庭堅重視的是整幅畫的全貌是否完美，起初他在上面加了「登山臨水」背景，可惜不太受到好評，於是他又換了一個「於江南水鄉撐舟」的背景，還是沒得到朋友幫他按讚。他左思右想，「原因恐怕不在背景而是在我啊！」因此他幫自己穿上一套秀才的服裝，但總覺得不太對勁，「我為什麼只是秀才，這氣場太弱了！」這次他替自己換上一套官袍，「嗯，順眼多了！」但後來不知怎麼的，或許黃庭堅擔心這套官袍在黨爭紛擾的時間點會給自己帶來麻煩，索性把自己修成一個帶髮和尚，最後配上修圖心得：「似僧有髮，似俗無塵；作夢中夢，見身外

〈宋人物圖〉

身。」

這是我，因為是我的長相；這不是我，因為缺少我的神韻。我是有帶髮的和尚，似俗無塵。世上有誰不是像我一樣活在夢裡，誰又真正了解自己呢？

〈宋人物圖〉自寫真充分體現宋人生活特色，一位文人坐在榻上讀書、書僮正為他點茶，身後有屏風和自寫真，一旁還有花藝、香爐。到了清朝，乾隆也學宋人畫了一幅自寫真〈是一是二圖〉，畫中結構幾乎相同，只能從幾件擺設看出不同的時代特色，但這又是後話了。

宋人「自寫真」之樂，來自於文人雅士的自娛，但許多時候蘊藏著內心深處對生活的想望或期許。他們或許正值謫遷、或許恰逢政爭，在自寫真上能夠反映出平日所不能「言」之情，倒也是一個生命出口。蘇軾如此，蘇轍和黃庭堅自然不需多說，這是宋朝士大夫的群體意識，當仕途產生困頓時，尋找另一方天地，暫時安頓內心，以待來日。

宋人愛玩香

宋朝是古代文人焚香雅玩的鼎盛期，從宮廷到市井均香氣撲鼻。宋人熱中於調香、焚香，百姓的喜好是「關撲、香囊、畫扇、涎花珠佩。」人人喜好焚香、配戴香囊，可說是個芬芳國度。

《元城語錄》說宋太祖曾令後苑製造可供薰香的「薰籠」，一連多日都未製好。他生氣責問：「我不過要個薰籠，為什麼要等這麼久？」負責人回道：「皇上啊，製作薰籠要先申報尚書省，尚書省批下本部，本部批下本局，本局重新覆奏，得旨後才能安排去製造，做好了送來，來去路上也有相關環節，就是再快也得好多天啊。」皇帝更生氣了：「是誰膽敢定下這樣的條款來約束我？」負責人說：「喔，那就要問宰相了。」

宋太祖大喊：「叫趙學究來！」

宋太祖一項稱呼宰相趙普為趙學究。趙學究來了，宋太祖說：「我在民間時幾十個錢就能買到薰籠，為什麼當了皇帝這麼多天都辦不到？」趙普完全不擔心皇上生氣，他緩緩說：「這套制度以前就有，又不是專門用來為難皇上啊，要是您的子孫後代都如您一般任性要求，時常非理性消費，還不是要靠諫官上奏勸阻。」太祖只好尷尬地乾笑：「那我買不到薰籠，好像也是好事，呵呵。」

想要薰香卻得不到薰籠，宋太祖給了個尷尬又不失皇帝氣度的微笑。

宣和年間，朝廷嫌河陽進貢的蠟燭沒有香味，索性用龍涎沉腦香料灌注蠟燭中，點起來「色香俱佳」。南渡後，宋高宗生母韋太后過慶壽節，高宗點了十幾根灌了香料的蠟燭，請韋太后觀賞，想討媽媽開心，誰知道太后幽幽地說：「你老爸當年可是把這種蠟燭幾百根幾百根大方送人，眼睛都不眨一下呢。」高宗頓時碎了一地玻璃心，委屈對吳皇后說：「我又不像老爸那麼有錢嘛。」

要焚上一爐皇家的香，似乎不是那麼輕易啊！

相較之下，百姓的焚香日子則容易得多。到了端午是家家戶戶焚香的重要日子，「不問大小家，焚燒午香」是當時的寫照。杭州男子若要迎娶新娘，送給女方的禮品中也必然包括香料。

由於家家戶戶焚著各種香料，竟使得宋朝御街上沒有蚊蟲出沒，看來是件不錯的收穫！在〈清明上河圖〉中，「劉家上色沉檀揀香」便居鬧市之中，經營沉香、檀香、乳香等各種香料買賣，想要買到各色香料只要往店裡一走便可。

宋人不欣賞也不好將香料直接拿來燒，而是喜愛製作人工合成香丸，謂之「合香」。按一定的比例配好多種香料、研成粉末，可加上蜂蜜增加黏稠性，或用果汁和成丸狀，陰乾後待用。

而宋人焚香乃是用「炙」。陳敬《陳氏香譜》：「焚香，必於深房曲室，矮桌置爐，與人膝平，火上設銀葉或雲母，制如盤形，以之襯香，香不及火，自然舒慢，無煙燥氣。」也就是先在香爐中放入燒紅的木炭，木炭上面覆蓋一層銀片或雲母片，再將香丸投於銀片上，通過炙烤緩緩激發出香氣，使香氣不致散去。

從宋畫中可以看到宋人的香爐少有煙霧繚繞，都是置於地面上，這便是「炙」的道理了。不過凡事必有例外，有個大官蔡京就特別偏愛焚香時雲霧滿室之感，據說蔡京每次焚香，都會讓丫鬟關閉門窗，燒上十幾爐的上好香材，待馥郁香氣充滿屋內後，再捲起門簾讓香氣不斷進入客廳，產生有如香煙環繞的壯觀景象。那時京城的人們甚至讚歎：「香須如此燒，方有氣勢。」

焚香

說起宋人的「燒香」，應該和現代的香氛產品用途相似，指的是作為雅玩的「焚香」，而不是燒香拜佛。但宋人確實是將「燒香拜佛」一事發展成為文人雅道，遂而產生行爐。「煮茗燒香了歲時，靜中光景笑中嬉」，文人雅士不管發呆、讀書、午睡，還是雅集、宴客時都會燒一爐香，讓香氛滿堂。

宋代香氛用品都是合成的香料，稱為「合香」，也就是將多種香料依照喜好自行混合成獨到的香氛。許多士大夫都喜歡調香，並當成生活的雅趣。陸游就是調香高手，〈焚香賦〉寫出他的調製秘方：「暴丹荔之衣，莊芳蘭之茁；徙秋菊之英，拾古柏之實；納之玉兔之臼，和以檜華之蜜。」

看到這裡，是不是以為只有文人雅

〈清明上河圖〉劉家上色沉檀揀香鋪

士才能調香、焚香、增進生活雅趣呢？如果是這樣的話，就不是我們熟悉的大宋了呀！

焚香之道，不在於所用香料是否名貴，而在於是否懂得生活美感。只要心中有雅趣，即使低成本也可以玩出高級香道。〈清明上河圖〉中的劉家香藥鋪就販賣著各種高低價格的香料，一般百姓也消費得起，照樣可以享受愉悅的香氛生活。

合香

宋人常使用於祭祀的是「印香」、「篆香」，日常生活中焚的香則多以「合香」為主，如將香料製成香丸、香餅炙之。當時有兩本著名的香譜，洪芻的《洪氏香譜》和陳敬的《陳氏香譜》均記錄不少合香工藝。從這兩本香譜中得知，宋人的合香工法是將各種香料搗成粉末，用蜂蜜、薔薇水將其混合再密封罐內，一段時間後將香料取出，分成小塊搗成粉末，即為新出爐的合香。

許多文人雅士對調製合香有濃厚興趣，例如黃庭堅的「嬰香」，即是採「角沉三兩末之、丁香四錢末之、龍腦七錢別研、麝香三錢別研、治弓甲香壹錢末之，又都研勻。入牙消半兩，再研勻。入煉蜜六兩，和勻。蔭一月而出，丸作雞蛋大。」角沉為其主要香調，據說有著深長的沉香氣息。

《陳氏香譜》：「合香之法，貴於使眾香咸為一體。麝滋而散，撓之使勻；沉實而腴，碎之使和；檀堅而燥，揉之使膩。比其性，等其物，而高下，如醫者則藥，使氣味各不相掩。」也就是按照各種香料的本色調整比例，不讓任何一種味道被奪走，或掩蓋住自身的風采。

宋朝已經產生花香調與果香調的香氛。有時候宋人還會將鮮花或水果蒸出香味之後沁入香料，加入煉蜜，使它氣味不散，名為「花蒸香」。花蒸香工法是將沉香或檀香切成塊狀的「香骨」與欲調和的花香，例如梅花、茉莉、梔子花、桂花等，選用鮮花，與香骨一同密封置於器皿內，用小火蒸出花香，融入香骨的氣味。一種稱為「返魂梅」的花香調合香，便是由此做法而來。

另外，利用水果果肉、果皮、果汁搭配香骨，同樣可以蒸出合香。例如去除鵝梨果核後將香骨置於鍋中，用小火緩蒸，並且「三沸」，因為一沸二沸不足以把梨蒸透，便至三沸乃至更多。待鵝梨蒸透後其氣味與香骨融合，再將果肉搗碎、揉勻，做成香丸或香餅，即成一款果香調香氛。這是洪芻《洪氏香譜》中的〈江南李主帳中香〉，即「鵝梨帳中香」的做法。

在宋朝，即使經濟狀況不佳，一樣可以擁有焚香的雅興，體驗香道。

詩人陳郁：「香有富貴四和，不若臺閣四和，臺閣四和不若山林四和。蓋荔枝殼、甘蔗滓、乾柏葉、茅山黃連之類，各有自然之香也」；《陳氏香譜》亦記載，荔枝「取其殼合香，甚清馥」；《墨娥小錄》中的「四葉餅子香」製作方法為：「荔枝殼、松子殼、梨皮、甘蔗渣，右各等分，為細末，梨汁和丸，小雞頭大，捻作餅子。或搓如粗燈草大，陰乾燒，妙。加降真屑、檀末同碾，尤佳。」同樣以荔枝殼一類植物調香，成為平民版的四和香。

富貴或臺閣「四和香」是由沉香、檀香、龍腦香、麝香四種珍貴香料合成，是頗為名貴的香品，就連現代人想要取得純正的原料也不見得容易。而小資版的「山林四和香」原料只是荔枝殼、甘蔗滓等普通植物，卻依然有著「清馥」香氣，且氣味優雅。宋人可謂化尋常為神奇。

香道也流傳於市井之中，到正店或腳店喝杯小酒時，只要付一點點小費，便有香婆捧著香爐上前，在酒桌上焚香。當然，香婆所用的香丸肯定不是名貴香藥，優點在於價格便宜，一般市民都消費得起。

行爐

唐宋時流行使用瓷質行爐，各種窯口均有燒造。來自於佛教中一種修持為「行香」，即手捧香爐圍著佛像繞行三圈、七圈或更多，因香爐既可以固定放置使用，也可以手持行走使用，故稱為行爐。宋代北方流行高足折沿爐，外形如高足杯，為敞開式，寬弧沿或寬平沿、筒腹、高喇叭狀圈足，手持行走於道路便可四處生香。

大宋的香道興盛，熱中香道者眾多。宋朝堪稱歷史上「最香的時代」。

（上）青釉紫斑三足爐
（下）灰青繫耳三足爐

錯位人生宋徽宗

古往今來的「盛世」，無非從疆域面積、國家經濟實力、人口數量多寡、文治武功成就幾方面來看。在這些條件中，宋朝大概只有「文治」一項符合「盛世」的要求。雖然盛世不能只有文治，然而宋朝帝王的「文治」卻帶給後人深遠的影響。

歷代帝王中，宋徽宗趙佶的藝術天賦和才能絕對處於拔得頭籌的勝利組。宋徽宗執政期間完成了國家級的藝術工程，他的《宣和睿覽》、《宣和畫譜》、《宣和書譜》、《宣和博古圖》，是宋朝藝術及其收藏完美的呈現，從書的編纂體例到收錄的作品，稱之為「古典藝術四大名著」絕不為過。

可惜趙佶的人生錯了位，「錦繡多才書畫茶，只緣生在君王家。」他可以當閒散王爺、美術學院院長、書法家、畫家，再不濟，靠著才藝當個街頭藝人賣畫也一定能養活自己。然而命運卻把他推上了帝王之位，他拿著筆墨指點江山，愉悅了自己，卻也同時斷送江山。

被政治所耽誤的一名藝術家——宋徽宗徹底演繹了這一角色。

〈宋徽宗坐像〉

發明瘦金體的書法天才

北宋時期，詩詞畫書等藝術臻於全盛，在這樣的文化氛圍中，趙佶如魚得水。他嗜畫如命，繼位後更苦心尋覓書畫真跡，加上皇室舊有收藏，內府的書畫精品遠勝於先朝。因此，當別人只能看臨摹圖時，他早已和全天下的名畫真跡朝夕相處，年復一年練就的眼界和見地自然不凡。

宋徽宗自創的瘦金體獨樹一幟，書法筆力深厚且融入繪畫中的工筆技巧，寫出來的字體鐵畫銀鉤、瘦挺爽快、筆峰如劍、鏗鏘利索。後人對瘦金體競相仿效，但能得其神韻的卻寥寥無幾。

朝堂上的宋徽宗有著灰頭土臉、蓬頭垢面般的尷尬；但在藝術領域上，他是絕對的光芒萬丈。他給自己做了一個非常特別的「花押」，相當於今天的個性簽名，被後世專家們稱為「絕押」！它由四筆寫成，似「天」字，又如「開」字，端詳一番可看出是「天下一人」四字，自負率真。

宋徽宗〈詩帖〉

為了畫畫，開了一家動物園

在繪畫方面，宋徽宗是名徹頭徹尾的神人。鄧椿《畫繼》說：「徽宗皇帝天縱將聖，藝極於神。」無論山水、花鳥、人物畫，他都能形神具備、得其自然之法。

宋徽宗對花鳥畫尤其偏愛，他收藏的花鳥畫有兩千七百八十六件，占全部藏品的百分之四十四。身為端王時期，他就在府中養了大量珍禽，用來寫生；即位後，他修建「艮嶽」，集全天下的珍奇鳥獸豢養於其中。每日觀察動物的行為和植物的生長，並在畫紙上一一呈現。

他對藝術熱愛已是近乎癡迷的程度。據說在靖康之變中，看到京城淪喪及妃嬪被辱，成為階下囚的他只是無奈搖頭，但聽說皇城中的文物書畫全被金兵掠走時，頓時血色盡失、淚如雨下。

藝術鑑賞名家

宋徽宗在位期間，畫家地位空前提高，宋朝的繪畫藝術因此得到全面發展。崇寧三年，他設立畫學並正式納入科舉考試之中。徽宗還親自挑選考官、親自出題、創立宣和

宋徽宗〈翠壑紅橋〉

宋徽宗真蹟〈耄耋圖〉

畫院、擬定教學大綱、課程綱要、參考用書，並時常將名畫送到畫院，以示學人應認真習畫，莫忘繪畫初衷。

為了提升和穩定畫師的繪畫功夫，他出了期末考題評比畫師的功力。一次，他以「踏花歸來馬蹄香」為題，應考畫師雖是丹青妙手，卻多落入俗套。唯有一人畫了蝴蝶飛舞在奔走的馬蹄周圍，宋徽宗看了之後撫掌稱讚；另一次，他出題「深山藏古寺」，多數人畫了深山寺院飛簷，而一個學生畫了深山掩映的石徑盡頭，一個和尚在溪邊打水，達到了他「畫有盡而意無窮」的要求。

宋徽宗不僅能畫，他還有雙懂畫的慧眼！在翰林圖畫院中識出了張擇端，張擇端成就一幅世界繪畫史上獨一無二的畫卷後，將它呈獻給宋徽宗。宋徽宗酷愛此畫，並用瘦金體親筆題上：〈清明上河圖〉。

宋朝有五大名窯：汝窯、官窯、哥窯、定窯、鈞窯，其中以汝窯為首。而汝窯在宋朝大放異彩，據說與宋徽宗的一場夢有關。他夢到雨過天晴後遠處天空呈現天青色，醒後便親自督造工匠燒製「雨過天晴雲破處」的顏色。在宋徽宗推動下，汝窯瓷器走上了頂峰，但隨著山河飄搖，天青般的汝瓷終究戛然而止。

回顧宋徽宗的一生，身為政治上的慌亂角色，他的藝文成就卻光耀後世，令人不勝唏噓。但若非錯生帝王家，或許他根本沒有足夠的資源和成本創造出一個藝文時代，這樣的糾結恐怕在歷史中永遠無解。

文人推手宋仁宗

不知道大家對宋仁宗的印象是什麼？他便是野史中「狸貓換太子」的那位太子！說實話，他是一個滿平凡的皇帝，資質不算太好，但有副溫暖的好心腸。為什麼說宋仁宗是有副溫暖心腸的皇帝？有一次他跟大臣在御花園散步聊天，卻頻頻回頭，若有所思。

宋仁宗回到後宮後，對宮女說：「我渴死了啦，趕快給我倒杯水！」宮女很納悶：「皇上這麼渴，為何剛才不讓身後的人給您端水呢？」仁宗說：「我看了很多次，可是負責端水的人都不在，我不忍心大喊大叫，這樣會害她們受罰，所以忍著口渴，現在才喝水。」

真是個暖男。

還有一次，他在宮中聽到外面傳來響徹雲霄的歡愉聲響，便問宮女：「這是什麼聲音啊？」宮女告訴他是外面酒樓的客人正在唱歌跳舞的聲音，說完後還感慨了一番：「皇上啊，外面這麼熱鬧，皇宮裡頭冷冷清清，竟然比不上外面，輸慘了！」

宋仁宗便帶著溫暖的微笑對宮女說：「孩子，這你就不懂了，正因為我們這邊忍受得了這麼冷清無聊又寂寞的生活，外頭百姓才可以那麼熱鬧啊。如果我們也像他們一樣瘋狂享樂，使得皇宮變成超級夜店，那麼百姓生活豈非顯得更加無趣又呆板了呢！」嗯，果然是把悲傷留給自己的精神勝利法達人。

說完宋仁宗的小故事，還是得談談運轉於他手中的文人盛世。宋仁宗不是個頂有智慧的帝王，但運氣實在好得驚人！縱觀整個仁宗朝，可說人才輩出。

（左）蘇轍（右）蘇洵

明代茅坤撰寫古人散文創作指南，想從唐宋兩代挑選數一數二的散文高手時，其中六位就出現在宋仁宗時期，包括歐陽脩、蘇洵、蘇軾、蘇轍、王安石、曾鞏。雖說茅坤選中的六人是他自己的讀者意識加上閱讀喜好，但不得不說這幾位文人確實都是曠古絕今的名家，他們是政治家、文學家、哲學家，都為當代或後世提供了豐富又精采的文化資產。

宋仁宗口袋中的文人名單其實還有一大串：范仲淹、柳永、晏殊、司馬光、包拯、梅堯臣、張載、邵雍、周敦頤、程顥、程頤、沈括、呂夷簡、杜衍、龐籍、韓琦、富弼、文彥博、張方平、趙抃、范鎮、呂公著、呂公弼、呂大防、呂惠卿、曾布、章惇、范純仁、宋庠、宋祁、蘇舜欽、蔡襄、蘇頌，這些飽學之士全在仁宗時登上歷史舞臺，鎂光燈一打，他們就是古代文人舞臺中最閃亮的一眾知識分子，歷史上幾乎沒有哪個時代可以與仁宗朝的文人之盛相比。

蘇軾曾說過：「仁宗皇帝在位四十二年，搜攬天下豪傑，不可勝數。既自以為股肱心膂，敬用其言，以致太平，而其任重道遠者，又留以為三世子孫百年之用，至於今賴之。」這話說的是宋仁宗的「搜攬天下豪傑」，但背後更重要的意義在於這段文人盛世所成就的藝術、哲學、文學、科學、政治思想可以光照後世。

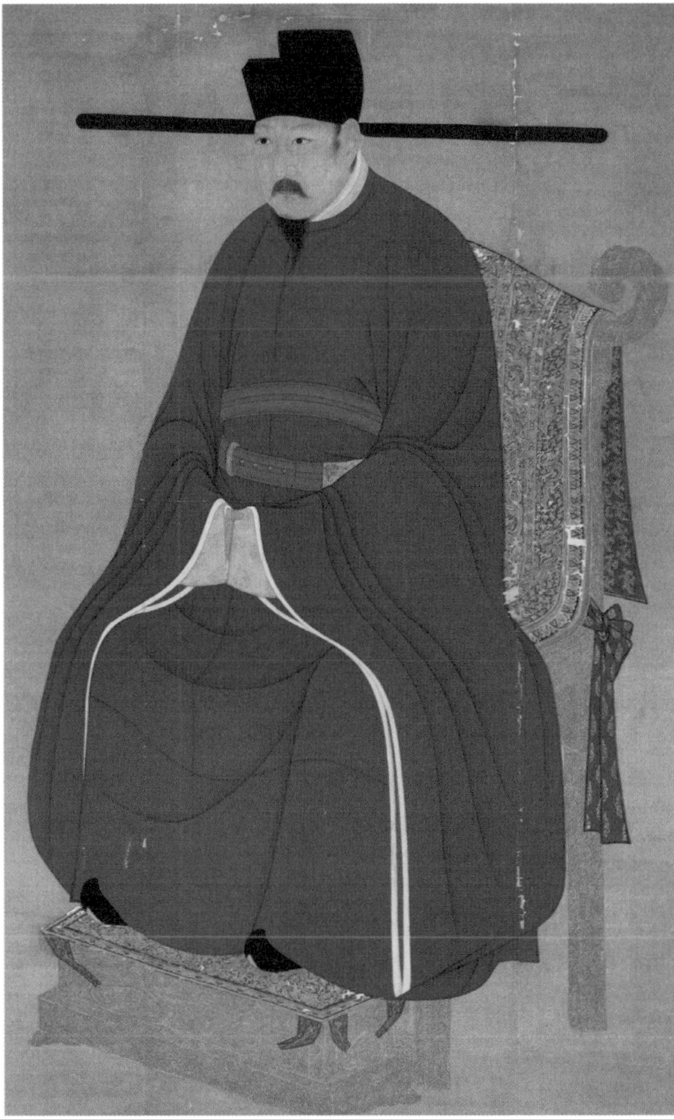

〈宋仁宗坐像〉

以國家疆域或者人口數量、經濟實力而言，宋仁宗確實不曾擁有「盛世」，但在位四十餘年，仰賴著諸多文人及智囊團制定國家政策，大量的知識分子也帶領著全民提升了文化素養，使得當時政治清明、社會安定、百姓富裕、文化興盛、商業活絡，亦足號「盛治」。蘇軾還說：「宋興七十餘年，民不知兵，富而教之，至天聖、景祐極矣。」處在一個「民不知兵」的時代是何等幸福之事！

邵伯溫則說宋仁宗朝：「視周之成康，漢之文景，無所不及，有過之者，此所以為有宋之盛歟！」陳師錫則說：「慶曆、嘉祐之治，為本朝甚盛之時，遠過漢唐，幾有三代之風。」在他們心中，宋仁宗時期的興盛遠超越漢唐，甚至有三代之風，這評價簡直高得不得了！當然我們可以合理地推測他們所指的興盛乃是以文人的角度出發，大大讚揚了宋仁宗的文治盛世，而非武功盛世。

直至後世，同樣給予宋仁宗朝極高評論，明代的鄒智說：「慶曆、嘉祐之治，號為太平。」王夫之則說：「仁宗之稱盛治，至於今

張載

而聞者羨之……宜其治之盛也。」而天聖、景祐、慶曆、嘉祐均為宋仁宗朝年號。

這樣看來，老天爺待宋仁宗頗為公平。他沒有充滿智慧的政治哲學，卻擁有一大批充滿智慧和想法的文人助其為政，成就這場文人盛世的背後推手：宋仁宗。

國家圖書館出版品預行編目資料

歡樂宋：中國歷史上最幸福的朝代，沒去過宋朝，別說你到過人間天堂！/ 李純瑀作. -- 初版. -- 臺北市：平安文化, 2020.08
面； 公分. -- (平安叢書；第658種)(知史；17)
ISBN 978-957-9314-61-9 (平裝)

1.飲食風俗 2.文化史 3.宋代

538.782　　109009863

平安叢書第0658種
知史 [17]

歡樂宋

中國歷史上最幸福的朝代，沒去過宋朝，別說你到過人間天堂！

作　　者—李純瑀
發 行 人—平雲
出版發行—平安文化有限公司
台北市敦化北路120巷50號
電話◎02-27168888
郵撥帳號◎18420815號
皇冠出版社(香港)有限公司
香港上環文咸東街50號寶恒商業中心
23樓2301-3室
電話◎2529-1778　傳真◎2527-0904
總 編 輯—龔橞甄
責任編輯—謝恩臨
內頁設計—黃鳳君
著作完成日期—2020年4月
初版一刷日期—2020年8月

法律顧問—王惠光律師

讀者服務傳真專線◎02-27150507
電腦編號◎551017
ISBN◎978-957-9314-61-9
Printed in Taiwan
本書定價◎新台幣320元/港幣107元